ACTÚA COMO
TRIUNFADOR
PIENSA COMO
TRIUNFADOR

ACTÚA COMO
TRIUNFADOR
PIENSA COMO
TRIUNFADOR

Desarrolla tus fortalezas
para lograr el éxito

STEVE HARVEY

AGUILAR

Actúa como triunfador, piensa como triunfador

Título en inglés: *Act Like a Success, Think Like a Success.*
Publicado originalmente por: HarperCollins Publishers, Nueva York.
© 2014 Steve Harvey.

Primera edición: marzo de 2015

D.R. © 2015, derechos de edición mundiales en lengua castellana:
Santillana Ediciones Generales, S.A. de C. V., una empresa
de Penguin Random House Grupo Editorial, S.A. de C. V.
Miguel de Cervantes Saavedra 301, piso 1, col. Granada,
del. Miguel Hidalgo, C.P. 11520, México, D. F.

© Traducción: Rubén Heredia
© Diseño de portada: adaptación de la original
© Fotografía del autor: www.123rf.com

Comentarios sobre la edición y el contenido de este libro a:
megustaleer@penguinrandomhouse.com

ISBN: 978-607-11-3677-0

Impreso en México / *Printed in Mexico*

A mi madre amada, Eloise Vera Harvey, que fue una devota maestra de escuela dominical durante cuarenta años. Ella bendijo mi corazón y mi alma con el regalo de la fe. Mi fe ha sido el pilar de mi existencia, de todo lo que he superado y de todo lo que soy, y por eso la amo tanto y la extraño más y más cada día.

A mi padre, cuyo único trabajo fue enseñarme a ser hombre. También me inculcó una increíble ética de trabajo, razón por la cual le debo mi carrera: Gracias, padre mío.

A Marjorie, mi esposa, quien llegó e hizo posible que todo lo que mis padres me inculcaron se desarrollara al máximo. Ella ha sido una inspiración, una motivación. Es el amor de mi vida. Ella es parte de las causas por las que yo sea quien soy: ¡Te amo, chiquita!

Índice

Introducción

~

Tu don te llama… ¿Estás listo para responder?

Ahí estaba yo, viajando en un jet privado con Cedric "The Entertainer". Volábamos del set de *The Steve Harvey Show* a una ciudad donde íbamos a presentarnos como los Reyes de la comedia (cuando sólo éramos Bernie Mac, Ced y yo). Todos en la cabina de pasajeros estaban dormidos. Cuando miré por la ventana, pude ver las luces que centelleaban en la ciudad. Entonces me percaté de que tenía lágrimas rodando por mi cara.

En aquel momento yo no había hecho el recuento de mi vida y de todas mis bendiciones y logros. No podía creer que estuviera sentado en un jet G3 que habían enviado los promotores de la gira. Pensé: *Mira en qué se ha convertido mi vida.* Me habían dicho que nunca triunfaría en nada. Pero había sobrevivido a un ingrato negocio de limpieza de alfombras; a la venta de seguros –que no me gustó–; a semanas de gira sin presentaciones; a tener que renunciar a mi trabajo; a quedarme sin casa; y a que me despidieran. Descubrí que había enfrentado mucha adversidad.

De repente, me inundó un sentimiento de logro realmente abrumador y seguí derramando lágrimas. Me di cuenta de que mis sueños empezaban a hacerse realidad. Yo quería ser uno de los mejores comediantes del país, y eso estaba ocurriendo. El anuncio de la gira nos dio un nombre –los Reyes de la comedia–, y entonces salimos a demostrar que eso éramos. Nos convertimos en los comediantes en vivo más taquilleros de la historia. ¡La gira recaudó 58 millones de dólares! Mis sueños se habían vuelto realidad ante mis ojos. Aquel momento –en el avión– fue el primero en que recuerdo haberme sentido triunfador (en el que de verdad sentí esa alegría, esa satisfacción, y un verdadero alineamiento con el propósito que Dios tenía para mí).

Para mí, el éxito no tiene que ver con el auto que conduzco, la casa donde vivo, la manera en que viajo, ni con los trajes que me pongo. Parte de mi éxito está conectada con el dinero que gano y las cosas que soy capaz de hacer por mi familia y por mí. Pero cualquiera que me conozca bien dirá que el dinero es la parte más pequeña de mi éxito. Para mí el éxito es estar en el matrimonio de mis sueños con una mujer que me ayuda a dar lo mejor de mí. El éxito es expresarles mi amor a mis hijas y tener la oportunidad de trabajar con ellas mientras construyo y expando mi negocio. El éxito es existir cada día haciendo lo que me encanta hacer.

Quizá tu definición de éxito sea ligeramente distinta, pero todos tendemos a desear las mismas cosas en la vida: paz mental, amigos y familiares que nos quieran, buena salud y cierto grado de comodidad económica. Sea cual sea tu definición de éxito, este libro transformador te pondrá en el camino correcto para alcanzarlo.

Haber gastado tu dinero —que tanto trabajo te ha costado ganar— en comprar *Actúa como triunfador y piensa como triunfador* es una señal de que te estás esforzando en serio por llevar tu vida a un nuevo nivel, y para obtener todo lo que el mundo te ofrece. Este libro te ayudará a llegar ahí y no te defraudará. Yo escribí estas páginas pensando en muchos tipos de personas: ya seas un estudiante universitario, un recién egresado que intenta hacerse un camino en el mundo laboral, un jubilado que planea su siguiente etapa o alguien que está en la plenitud e intenta permanecer ahí. Es para ti si apenas estás empezando, si has decidido dejar de batallar con obstáculos que te has propuesto superar, o ya has escalado la montaña y no encuentras la motivación para seguir haciéndolo. Es para quienes han caído. Es para quienes han recorrido parte del camino y descubierto que esto no puede ser todo lo que el mundo les ofrece.

Mi primer libro, *Actúa como dama pero piensa como hombre*, ayudó a millones de mujeres a tener una mirada fresca sobre sus relaciones y su comportamiento en la pareja. *Actúa como triunfador y piensa como triunfador* te ayudará a evaluar las metas de tu vida y a determinar los medios para alcanzarlas. Mis libros anteriores estaban dirigidos principalmente al público femenino. *Actúa como triunfador y piensa como triunfador* fue creado para empoderar a todo el mundo (hombres y mujeres, jóvenes y adultos, recién adheridos a la fuerza laboral o jubilados). Este libro está enriquecido con material fascinante que puede ayudarte, no importa en qué etapa estés del camino.

Actúa como triunfador y piensa como triunfador te permite saber que no basta con sólo existir. La vida es mucho más que soportar un trabajo anodino, ganarse un reloj de oro y cobrar tu pensión. Tu vida tiene que ser más que esperar a que pase la oportunidad correcta y te encuentre. Tu vida tiene que ser más que sólo contar el tiempo mientras ves cómo otros alcanzan el éxito. Las palabras en este libro te motivarán a aprovechar la vida al máximo usando algo que ya tienes: tu don.

Mi don es hacer reír a la gente. Tú también tienes un don muy especial. Nuestro creador, en su infinita sabiduría, creo a cada alma con un don. Tu don podría ser totalmente único, o bien, similar al de alguien más, pero no olvides que tu don es *tuyo*.

Cuando utilizamos nuestro don, el universo nos lo agradece dándonos una gran cantidad de riquezas (desde la abundancia de oportunidades hasta la buena salud y la riqueza financiera). Cuando no cultivas las tierras del universo, las cosas en tu vida sólo parecen consumirse y empeorar. Pero cuando vuelves a cultivar el universo con tu tiempo, tu pasión y tu compromiso con los demás, el mundo ofrece abundantes oportunidades para florecer y convertirte en un nuevo tú. Si incorporas tu don en tu vida y lo compartes con otros, obtendrás alegría, pasión y un nuevo vigor para vivir la vida en toda su plenitud. Este libro te mostrará cómo manifestar ese don en tu vida.

Este libro también se enfoca en cómo transferir tu don a otras áreas importantes de la vida, como construir una mejor relación de trabajo con tu jefe, invertir más en tu comunidad o fortalecer a tu familia. *Actúa como triunfador y piensa como triunfador* te pondrá a pensar en cómo enriquecer tu vida de maneras completamente nuevas.

El éxito que disfruto no ocurrió de la noche a la mañana. Tuve que aprender a ser triunfador, y la vida que hoy tengo es, tal cual, un sueño hecho realidad. *Actúa como triunfador y piensa como triunfador* está lleno de información sobre lo que he aprendido en mi camino a la realización personal. Yo quiero compartirlo contigo para que también puedas ver cómo tus sueños se vuelven realidad en tu vida.

CÓMO APROVECHAR AL MÁXIMO ESTE LIBRO

La "Primera parte" de *Actúa como triunfador y piensa como triunfador* trata sobre el hecho de ser realista respecto a tu estado actual. Seremos brutalmente honestos en relación con cómo superar tus miedos, desprenderte de tus limitaciones y destapar la vida.

La "Segunda parte", se enfoca en ayudarte a determinar tu don. Una vez que sabes cuál es ese don, te aconsejo cómo unirlo con el vehículo correcto para transformar tu vida.

Estarás haciendo lo que te encanta. Cuando aproveches esta oportunidad, verás grandes cambios en tu vida. El cambio inicial ocurrirá en tu interior. Emanarás un fulgor que servirá como un imán y te acercará a otras personas de mentalidad triunfadora con impulsos y ambiciones similares. Entrarás en una esfera de pensamiento triunfador. También te muestro cómo crear un mural de visualización que te servirá como recordatorio regular para no desviarte en tu camino hacia una vida más grande.

Después de haber unido tu don a un vehículo, necesitarás afinar tus habilidades profesionales para permitir que tu don te funcione mejor.

La "Tercera parte", revela maneras para mejorar tu don. Estos capítulos presentan información valiosa y herramientas para reforzar y utilizar tus habilidades. Esto incluye consejos para fijar metas y para vincularlas con la realización de tus sueños. Estas recomendaciones prácticas podrás aplicarlas de inmediato a tu vida. Adentrarte en tu don no hace tu vida perfecta, pero le da propósito y significado.

Te recuerdo que ser capaz de evaluar tu propio desempeño con honestidad es una clave fundamental para triunfar. Esta sección habla del valor del tiempo. Abordo la necesidad de decir "No" y de pedir lo que quieres, así como de lidiar con la inseguridad propia. Esta sección habla sobre el valor del tiempo. También desarrolla y explico el concepto de "todos los que vienen contigo no pueden irse contigo".

Actúa como triunfador y piensa como triunfador concluye con unas palabras inspiradoras que te animarán a compartir tu riqueza. Esta sección aborda a profundidad tres temas importantes: cómo liberarte de tus enemigos por medio del éxito; cuáles son las claves de una vida equilibrada; y qué hacer para que tus bendiciones bendigan a alguien más.

Actúa como triunfador y piensa como triunfador no es un libro para que sólo lo leas y luego te quedes quieto. Te compromete a emprender *acciones para el éxito*: en estos espacios te aliento a anotar tus reflexiones, aspiraciones y visiones para tu vida. Cuando lo hagas, te servirá como tu *plan de acciones para el éxito*. Hazte responsable de lo que creas mientras descubres tus dones y talentos.

Si necesitas ayuda para mantenerte motivado y aplicar las herramientas para el éxito, forma un equipo. Con tu equipo deberás leer el libro, compartir notas y evaluar metas. Esto les proporcionará el apoyo que podrían necesitar para alcanzar el siguiente nivel de éxito.

También he creado en Internet una comunidad de personas como tú, comprometidas con *Actúa como triunfador y piensa como triunfador*: www.actlikeasuccess.com. Ahí podrás conocer a personas de todo el mundo que están trabajando para mejorar su vida. Puedes usar este sitio para desarrollar tu propio plan de éxito. La página incluye un área donde puedes rastrear tus cambios de pensamiento y de acción, recibir mensajes inspiradores de algunas de las personas más increíbles del planeta, incluso plasmar tus testimonios sobre tu propio crecimiento.

Si tienes cuenta en Twitter o Instagram, puedes enviarme un *tuit* o un video sobre tus avances a @ActLikeASuccess, usando la etiqueta #IAmSuccess.

Muchos libros de motivación y autoayuda te dicen que necesitas obtener algo que aún no tienes para alcanzar la grandeza. Aquí estoy para decirte que no tienes que tomar otra clase, aprender otra lengua, juntarte con un nuevo grupo de personas, ni gastar dinero que no tienes. Para convertirte en un verdadero triunfador en tu vida, tienes que empezar con tu *don*. Y, ¿sabes qué es lo genial de esto? ¡Que ya lo tienes! Sé que algunas personas aún no saben cuál es. Otras quizá tengan una idea de cuál es, pero aún no descubren cómo apreciarlo, perfeccionarlo y unirlo al vehículo correcto que las llevará a tener más éxito del que jamás imaginaron. Tú tienes todas las respuestas aquí, en estas páginas.

En mi camino hacia el éxito, he llegado a darme cuenta de que *conservar* el éxito es un arte igual al de *alcanzar* el éxito. Cuando realmente te comprometes a actuar como triunfador y pensar como tal, puedes tener toda la abundancia que la vida te ofrece. Este es el tipo de vida dichosa que deseo que empieces a vivir.

I
Cuándo ya es suficiente

1

"Estoy cansado de mí mismo"

———

Yo sé bien lo que es estar cansado de uno mismo, pues el Steve Harvey que conoces estuvo cansado de él mismo en cierto momento de su vida. Yo, Steve Harvey, estaba cansado. Estaba cansado de la manera en que vivía. Estaba cansado de no llegar a ningún lugar. Estaba harto y cansado de ser pobre. La pobreza me había agotado. Me resultaba extenuante tener que pensar constantemente en maneras de mantener a mi familia y sobrevivir. Era duro ver cosas que quería y no ser capaz de conseguirlas. Estaba absolutamente desgastado por la pobreza. Estaba harto de mí mismo por no buscar el don que Dios me había dado. Estaba cansado de no perseguir mis sueños.

En aquella época, de verdad no sabía cómo buscar mis sueños, pero esa no es excusa pues ignorarlo no me quitaba aquel insoportable sentimiento. Estaba harto de batallar, de sólo sobrevivir. Estaba cansado de mí mismo. Estaba cansado de todo. Estaba cansado de sentirme decepcionado. Estaba cansado de decepcionar a otras personas, incluidos mi madre y mi padre. Estaba cansado de no ser capaz de ver en mí el potencial que otros veían con claridad. Estaba cansado de vivir estancado.

Estaba absoluta y completamente cansado de mí mismo. Estaba exhausto de buscar las respuestas en el exterior. Hasta que comprendí que la solución para mi sufrimiento y desesperación había estado en mi interior todo el tiempo. Como mi madre decía, parafraseando a la activista social Fannie Lou Hammer: "Hijo, a veces nada cambia sino hasta que te sientes harto y cansado de sentirte harto y cansado."

Hagamos juntos este viaje, pues, si estás cansado de sentirte harto y cansado, recuerda que yo también lo estaba.

¿Estás cansado de ti mismo?

¿Estás cansado de hacerte promesas que nunca tienes motivación para cumplir? ¿Estás cansado de poner pretextos para no cambiar? ¿Estás cansado de compararte con los demás y quedarte corto? ¿Estás harto de decirte: "Mañana haré algo diferente", pero "mañana" nunca llega? Estar cansado de ti es un buen estado, pues significa que estás listo para hacer cambios en tu vida que te traerán grandes recompensas. Me alegro de que por fin estés aquí.

Cuando te encuentres en la situación de estar cansado de ti mismo, por lo general, no estás solo. Todas las personas que te rodean —desde tu familia hasta tus colegas— se han cansado de ti y de tus excusas desde hace algún tiempo. Ellas ven tu don y el dolor que te estás provocando al no hacer contacto con tu propósito y no dar lo mejor de ti. Pero esta es la cuestión: la gente puede decirte que está cansada de tus excusas, pero mientras *tú* no te canses de ti mismo, nada sucederá. ¿Estás cansado de perderte las oportunidades que fácilmente pudieron ser tuyas el mes, el año, incluso, la década anterior?

Lo más frecuente es que nuestras creencias sobre nosotros mismos sean pensamientos aprendidos e interiorizados que se convierten en conductas que dominan la manera en que operamos en nuestra vida cotidiana. En alguna etapa del camino, nos acostumbramos más a nuestras autopercepciones y les permitimos convertirse en obstáculos para nuestros dones y oportunidades. Nos convertimos en nuestros propios opositores cuando: postergamos las cosas, nos engañamos, nos comparamos y dudamos de nosotros mismos (en resumen, cualquier cosa con que obstruyamos el camino para convertirnos en aquello para lo que fuimos creados).

Entonces, ¿qué necesitas para llegar al límite? ¿Qué necesitas para que despiertes de tu sueño? ¿Qué te forzará a comprender de una vez por todas que la vida que llevas está muy por debajo del potencial que Dios te dio? Esta es tu vida, y tienes que vivirla HOY. No puedes darte el lujo de desperdiciar otro minuto en una vida insatisfecha, frustrada e infrautilizada. Ahora –y quiero decir *ahora mismo*– es momento para aprovechar los sueños, las metas y las visiones que has albergado en tu corazón por demasiado tiempo.

Jordan Belfort, el autor del libro (e inspiración para la película) de *El lobo de Wall Street*, dijo: "Lo único que se interpone entre tú y tu meta son las patrañas que tú mismo te dices sobre por qué no puedes alcanzarla." Pero yo quiero llevar esto un paso más adelante. Las excusas son las mentiras con las que te engañas para no demostrar que eres digno del don que has recibido. Repite esto conmigo: "ADIÓS A LAS EXCUSAS."

Cuando asistía a la Universidad Estatal de Kent, estudiaba psicología, pero en realidad estaba por titularme en invención de excusas. Ponía un millón de excusas para no asistir a clase o para no pagar la renta. Tras dejar la universidad, tuve aún más pretextos para justificar mi permanencia en empleos sin futuro y para dar razones sobre por qué no perseguía mi sueño de convertirme en comediante. Entre más me engañaba con esas mentiras, más indigno me consideraba de la oportunidad de estar en un escenario de comedia.

Un día le conté a un amigo por qué había abandonado la escuela, entonces escuché las palabras que salían de mi boca, y me di cuenta de que no había sido responsabilidad de la escuela, ni de mis padres. A final de cuentas, era *mí* responsabilidad. Yo tenía todo lo que necesitaba, pero en cada momento encontraba una razón para no empezar. Yo mismo me ponía obstáculos para no responsabilizarme de mi don.

Si tú eres como yo era, necesitas dejar de darte excusas. Tus excusas son tan vacías ahora como lo eran cuando las creaste. Necesito que te des cuenta de que tus dones son oportunidades y que adoptes una nueva creencia: *Tú* eres un triunfador.

Ahora, antes de que te saltes esta sección y digas: "Steve, yo no pongo excusas en mi vida", espera. La gente que dice que no pone excusas en su vida suele ser la que más las pone. Tú sabes quién eres. Eres una personalidad de tipo A que se entrega a su profesión pero que suele poner excusas para no asistir a los cumpleaños de sus familiares o para cancelar citas amorosas al por mayor. El éxito no se limita a una sola parte de tu vida para ausentarse de las demás. Si vas a hacer esto, tienes que hacerlo bien y hasta el final. Tienes que estar abierto a aprovechar tus oportunidades y cambiar tu vida.

Cuando me inicié en la comedia, no permitía que la gente supiera de mi vida. Trataba de escribir como otras personas. No desarrollé mi verdadero ser como comediante de *stand up* hasta que perdí el miedo de abrirme. Compartir mi verdad —que incluía mi pasado, mi relación con mis padres, mis relaciones fallidas y las cosas por las que atravesaba entonces— me proporcionó toneladas de material para hacer chistes. Para desarrollar mi don, lo primero que tuve que hacer es aprender a ser sincero.

Cuando te dispones a ser honesto, puedes lidiar con la verdad, cualquiera que sea. Aunque toda tu verdad fuera negativa, eso podría ser positivo. Si destapas lo negativo de ti, entonces tienes una oportunidad para mejorar. Por eso, cuando algo va mal en tu relación o tu negocio, es muy importante que te hagas como primera pregunta: "¿Qué hice mal?" Tienes oportunidades para cambiar o para arreglar la situación en cualquier momento. Tú no puedes cambiar a otra persona. Si yo señalo con un dedo a alguien más e ignoro a tres dedos que me señalan a mí, estoy desperdiciando una oportunidad para crecer, cambiar y desarrollarme.

Es muy frecuente que nos enfoquemos en los contras antes de siquiera considerar un pro. Ni siquiera pensamos en los beneficios de hacernos cargo de nuestro sueño porque estamos demasiado centrados en las excusas del "qué tal si", "qué podría ser si" y "por qué esto no me funcionará". Estás dispuesto a perder años de tu vida alejándote de tus sueños en lugar de correr hacia tu destino.

La maldición de la comparación

Algunas personas temen concretar sus dones porque están demasiado ocupados comparándose con otras. Dios te hizo a ti y también hizo la forma en que tú haces las cosas, lo hizo *exclusivamente* para ti. El mundo no tiene tiempo de interactuar con tu representante (necesita que tú, el *auténtico*, aparezca y encienda tu luz).

No te dejes estancar por pensamientos como: *Bueno, ya existen millones de oradores motivacionales por ahí. No hay nada nuevo con lo que yo pueda contribuir.* Podrán existir 50 oradores motivacionales en tu ciudad, pero sólo tú tienes tu propia colección de experiencias, errores, lecciones, obstáculos y triunfos que pueden marcar la diferencia entre alguien que vive una vida ordinaria y una persona que se eleva hacia un futuro extraordinario. Te sorprenderá cómo tu historia personal sobre cómo saliste de tu pueblo para adentrarte con fe ciega en la gran ciudad puede decirle mucho más a la gente que una historia contada por el mejor orador. Usa tu energía para perfeccionar tu juego, no el de alguien más.

"NO ESTOY LISTO PARA SENTARME EN LA MESA PRINCIPAL"

A menudo, somos bombardeados por estereotipos de quienes pueden y quienes no pueden sentarse en la "mesa principal" para tomar decisiones. Nosotros mismos nos descartamos antes de que empiece el juego porque no creemos tener la crianza, educación o experiencia que se requiere para aceptar una nueva oportunidad.

Cuando te llegue el día de formar parte de un consejo que cambie el rumbo de tu organización, no podrás darte el lujo de retirarte de la mesa sólo por creer que tu nombre no cuenta con las letras suficientes.

A mí no me importa tu raza, sexo, procedencia o situación económica. Si Dios te dio la oportunidad de avanzar, no pierdas el tiempo pensando que no lo mereces. Deja de limitar tu don porque no puedes ver el panorama general. Tú tienes tanto derecho de sentarte en la mesa principal como cualquier otro. Durante demasiado tiempo, las mesas principales han estado ocupadas por los mismos tipos de personas. Siéntate, habla con valentía sobre lo que sabes y aporta a la mesa el valor que faltaría si permanecieras en silencio. Aprovecha tu oportunidad para añadir a la mezcla tus talentos y habilidades únicas.

Tenemos que ser conscientes de las conversaciones que sostenemos con nosotros mismos en relación con nuestros dones y talentos. ¿Qué te dices cuando no hay nadie más a tu alrededor? ¿De qué hablas contigo mismo cada mañana frente al espejo? ¿Hablas de darle vida a tus sueños o repites los miedos y ansiedades de otras personas? ¿Estás preparando tu día con escrituras, afirmaciones y citas positivas, o estás sembrando la duda y la angustia en tu espíritu?

Algunos de nosotros hemos repetido cantaletas derrotistas en nuestra mente durante tanto tiempo que no sabemos cómo tener una idea personal distinta.

"No soy suficientemente listo para hacerlo."

"Nunca seré tan bueno como mi madre [o mi padre]."

"Eso es bueno para ti, pero sé que no funcionará con alguien como yo."

"Es demasiado difícil de hacer."

"Es muy tarde para que yo salga y lo haga."

Tal vez pienses que sólo estás conversando contigo mismo, pero entre más repites esas afirmaciones en tu mente, más se vuelven una especie de abrigo de miseria con el que te cubres todos los días. Tú crees que eres la única persona que puede ver ese derrotismo, pero se manifiesta en tu conducta y en la manera en que te presentas al mundo.

¿Cómo puedes cantar una nueva canción sobre tu vida y tus sueños? Puedes empezar poco a poco, con afirmaciones breves:

"¡Yo NACÍ para hacer esto!"

"¡Dios tiene un plan para MÍ!"

"¡Yo soy MÁS que un conquistador!"

"¡Mis sueños PUEDEN convertirse en mi realidad!"

HABLA CON FLUIDEZ EL LENGUAJE DEL ÉXITO

Para aprender a hablar sobre el éxito, debes practicar con expertos que hablen con fluidez el lenguaje del éxito. Una de las mejores maneras de aprender una lengua extranjera es meterte de lleno en la cultura que habla mejor esa lengua. El mismo principio se aplica al lenguaje del éxito. Te conviene rodearte de personas que sepan cómo materializar negocios millonarios. Te conviene estar en una conversación cuando nazca la próxima gran organización sin fines de lucro. Te conviene acostumbrar tus oídos a oír la próxima idea que va a revolucionar el mundo.

Imagina todos los que podrías lograr si hablaras con más afirmaciones que empezaran con "Yo puedo" en lugar de "No puedo" y qué tan alto podrían volar tus sueños si dijeras: "¿Por qué yo no?", en lugar de "¿Por qué yo?" Y, al igual que cuando aprendes una lengua, sabes que cometerás errores y seguro dices: "Pude haber hecho..." en lugar de "Voy a hacer..." Rodéate de personas que hablen del éxito con toda naturalidad y, antes de que te des cuenta, empezarás a hablar de tus sueños como una realidad.

Algunas partes de tu visión sólo te conviene contárselas a algún consejero, amigo o familiar de confianza. Y, francamente, algunos aspectos de tu visión no necesitan salir de tu tiempo de oración con Dios.

TIENES QUE FIRMAR EL CONTRATO

Muchas personas pierden su camino en la vida porque temen firmar el contrato de arrendamiento de su don. Tú puedes ver tu sueño con claridad, pero pierdes el tiempo pensando demasiado en lo desconocido o hablando con gente que no entiende tus aspiraciones. Yo conozco a muchas personas en Hollywood que se la pasan diciendo: "Soy mesera por ahora, pero en realidad soy actriz." Entonces, ¿por qué no estás actuando? Si estás comprometido a hacer realidad tu sueño, tienes que firmar el contrato.

Te perderás de las verdaderas bendiciones de la vida si no aceptas que tu don es tu pase y la llave para recibirlas.

Todo lo que tienes que hacer es comprometerte con tu don. Cuando te comprometes, el resto —el dinero, los contactos y las oportunidades— empezará a llegarte de maneras que ni siquiera imaginas. En otras palabras: cuando concentras tus esfuerzos en tu don, le das a Dios algo que bendecir. Yo nunca pensé que podría fracasar en la comedia. Sólo esperaba triunfar. Incluso durante mis momentos más sombríos, me aferré a esos pequeños rayos de luz en mi camino hasta que se convirtieron en un campo abierto de oportunidades.

Acciones para el éxito

Quiero que te tomes unos minutos y pienses en las excusas que te pusiste la semana pasada. Anótalas en la siguiente página. Ahora, encierra en un círculo o subraya las que más uses. Las llamaremos el "Top 3 de tus excusas". Anótalas en la página 33. Debajo del Top 3 de tus excusas, anota tres expectativas que sustituyan a esas excusas. A estas las llamaremos el "Top 3 de tus expectativas".

¿Necesitas ayuda para definir ambas cosas? Aquí están mis definiciones:

Excusas	Por qué no puedo
Expectativas	Por qué lo haré

¿Ves la diferencia? Las excusas son obstáculos, rodeos y embotellamientos autoimpuestos que te desvían de tu camino al éxito. Las expectativas son vías abiertas reservadas para las personas que están dispuestas a pagar el precio de la excelencia. ¿Qué nuevas expectativas puedes crear para tu vida? ¿Qué te dirás cuando tu vida se complique? ¿Entendiste? Ahora escribe.

Mis excusas favoritas:

_____

_____

_____

_____

_____

_____

_____

_____

_____

_____

_____

_____

_____

_____

Top 3 de las excusas

1. _____

_____

_____

2. _____

_____

_____

3. _____

_____

_____

Top 3 de las expectativas

1. _____

_____

_____

2. _____

_____

_____

3. _____

_____

_____

Si estás tomando esto en serio, quiero que lleves tus nuevas expectativas un paso adelante al anotarlas en una hoja en blanco y firmarlas. Estas nuevas declaraciones serán tu compromiso contigo y marcarán el inicio de tu camino hacia la grandeza.

2

Temor y fracaso

Durante una de mis primeras apariciones en el programa de entrevistas del obispo T. D. Jakes, hice una atrevida proclamación: "Yo soy la persona más valiente que conocerás." No sé qué me hizo decir eso, pero nunca antes había dicho algo así. Pensé que al obispo y a su equipo de veras les gustó lo que dije porque usaron ese fragmento de audio en los promocionales que anunciaban mi aparición en el show.

Pero esta es la verdad: yo le temo a muchas cosas. Temía crear mi propio programa de entrevistas porque pensé que no iba a funcionar. Temía hacer radio en cadena nacional porque no sabía si me aceptarían en suficientes mercados como para tener éxito. Temía aceptar el desafío de la gira con los Reyes de la comedia. Cuando Walter Latham se nos acercó y dijo: "Vamos a presentarnos en estadios de baloncesto", yo me aterré. El público más numeroso frente al cual me había presentado hasta entonces eran cinco mil personas (en una buena noche). Cuando entrevisté al presidente

Obama, estaba aterrado porque no quería meter la pata. Antes de presentarme en el MegaFest del Obispo Jakes, me la pasé dando vueltas en la cama tres noches consecutivas.

Mi peor momento de temor llegó cuando aparecí en mi primer especial de una hora por HBO. Nunca había tenido tanto miedo de nada en toda mi carrera. Las localidades del Auditorio Bell en Augusta, Georgia, estaban agotadas, y yo me coloqué en el escenario detrás de una cortina translúcida, esperando que empezara el espectáculo. Mi corazón latía tan fuerte que podía ver cómo subía y bajaba el pañuelo de mi saco. Si ves con cuidado las grabaciones de aquel programa, podrás ver mis manos brillando por el sudor.

Algo salió mal en el momento de abrir las cortinas principales para empezar el show. Yo me sentía ansioso y esperé tras la cortina por seis o siete minutos. Pero, a pesar de que no estaba a la vista del público, pude sentir su cariño cuando dijeron: "Vamos, Steve, no nos decepciones."

Cuando la cortina por fin se elevó, el público enloqueció. Tomé el micrófono y lo agité por unos momentos para tranquilizarme. Cuando por fin empecé a hablar, oí que la voz comenzaba a temblarme. Yo oraba en silencio: "Dios, por favor tranquilízame. Vamos, Señor." ¿Y qué crees? Quince minutos después de empezar mi rutina, todos mis nervios desaparecieron "y me solté el pelo". Esa actuación se convirtió en uno de mis mejores programas hasta ahora.

Lo que aprendí a partir de entonces es que, cuando enfrentas tus miedos, estos en realidad no son tan grandes como creías. Lo que los engrandece es no encararlos de frente. Entre más evitas tus temores, más grandes se vuelven en tu mente. Todo el tiempo que permanecí de pie tras aquella cortina descompuesta, no dejaba de pensar: *Señor Jesús, mira a toda esa gente.* Entre más tiempo pasaba ahí, más claro fue para mí que podía seguir preocupándome por las 2 400 personas que había en la sala y fracasar, o bien, salir sin más... y de verdad triunfar. En realidad, todo se reduce a decidir si quieres el éxito o el fracaso.

EL FRACASO ES PARTE DEL PROCESO

La mayoría de la gente fracasa porque queda paralizada por el miedo. Tienes que elegir: ¿Vas a enfrentar tus temores y descubrir lo que tu vida puede ser *en realidad*, o vas a sucumbir ante ellos y hacer lo mismo que siempre has hecho? Cuando eliges lo segundo, te predispones para fracasar una vez más porque ni siquiera intentas ganar. ¿Cuántas veces nos permitimos no hacer cosas en nuestra vida tan sólo por creer que obtendremos un resultado indeseado?

Yo me he enseñado a intentar cosas aunque sólo haya una remota posibilidad de que ocurra algo genial para mi vida y mi carrera. Tienes que aprender a convencerte de que las posibilidades son más grandes que lo inevitable de no hacer nada. Mira, si eres un empresario apasionado por su producto, pero nunca le pides a nadie que lo compre, nunca se venderá. Claro que también existe la posibilidad de que, aun cuando pronuncies tu mejor discurso de venta, vestido con tu mejor traje dominical, de todos modos no vendas.

Pero, ¿qué importa? ¿Sabes cuántas veces han rechazado mis guiones de cine, programas de televisión y especiales de comedia? Muchas más veces de lo que los han aceptado.

¿Sabes cuántos chistes he escrito de los que nadie se ha reído? Miles. Tengo todo un cementerio lleno de chistes muertos, cada uno con su lápida.

Pero, en serio, tuve que sacar esos chistes de mi acto y aprendí cómo mejorar en mi oficio. Hay muchos chistes que desearía nunca haber escrito y hay otros que han tenido un éxito arrollador. Pero, ¿qué crees? Ahora tengo seis especiales de comedia con ocho horas llenas de chistes de primera, en las cuales nunca he repetido uno solo.

¿Quieres oír algo estremecedor? 85 por ciento de las pequeñas empresas en este país fracasan en el transcurso de sus dos primeros años. ¡85 por ciento! Eso es mucho fracaso.

Warren Buffett dijo que él no invertiría en ningún negocio en el que el dueño no haya fracasado al menos dos veces. Me encanta que personas tan ricas y exitosas entiendan que el fracaso es parte del proceso.

Pero es demasiado frecuente que, cuando enfrentamos el fracaso de una empresa, permitimos que ese fracaso nos impida volver a intentarlo. El fracaso puede derivarse de la falta de planeación financiera, la falta de recursos o la falta de colaboradores adecuados. Pero tienes que entender que el fracaso forma parte del proceso cuando estás en el camino del éxito.

La única manera de reencauzarte es idear otro plan. Yo he fracasado más veces de las que puedo contar. Pero no puedes dejar que el fracaso te paralice y te impida buscar tus sueños.

EL FIASCO EN CHARLOTTE

Cuando me dedicaba de tiempo completo a hacer comedia en vivo, pronto aprendí que la noche más difícil no es la primera; es la noche en que tienes que volver a salir al escenario después de que tuviste una noche muy mala. Yo tuve una experiencia así en Charlotte, Carolina del Norte, durante la primera noche de la primera gira de los Reyes de la comedia. Mi madre acababa de morir, y mi mente estaba en otra parte. Además, acababa de presentar por televisión un programa especial de comedia en vivo, pero estaba tan destrozado que ni siquiera lo vi.

Cada uno de los Reyes debíamos presentar una rutina de 30 minutos, pero Ced la hizo de 47. ¡La actuación de Bernie fue tan buena que estuvo ahí durante una hora entera! Sacudieron tanto la sala que el estadio tuvo que ordenar un receso. Luego, un aparato falló y el receso duró 45 minutos.

Y entonces llegó mi turno y traté de presentar mi rutina ante toda esa gente que ya había estado sentada durante las dos horas de comedia que hicieron Ced y Bernie, además del inesperado receso de 45 minutos. Cuando salí, fue horrible. Estaba contando chistes de mi programa especial. No me di cuenta que la mayoría del público ya los había oído. La gente abucheaba, peleaba y se exaltaba, y yo quedé desconcertado. Sólo puedo decir que fue una noche ruda.

Al día siguiente, de camino al aeropuerto, un D.J. de Charlotte llamado A.J. habló sobre mí, dijo: "Ced y Bernie estuvieron geniales, pero Steve no es un rey de la comedia." Él predijo que el tour iba a ser un completo desastre. Yo conocía en persona a este chico y me desconcertó que me jugara tan rudo. Para cuando llegamos al aeropuerto, me topé con algunas personas que habían visto mi presentación la noche anterior, y trataron de animarme diciendo: "Steve, está bien. Nos encantas de todos modos." Aprecié su apoyo.

Cuando abordamos el avión y tomamos nuestros asientos, comencé a escribir. Al llegar a Kansas City aquel mismo día, me encerré en mi habitación de hotel para escribir y escribir y seguir escribiendo. Antes de darme cuenta, ya había escrito toda una nueva rutina de 45 minutos. Me concentré tanto en escribir, revisar y practicar frente al espejo que, cuando Bernie fue a mi habitación para llevarme a cenar, yo le dije: "No. Voy a quedarme aquí a terminar esto."

La noche siguiente en Kansas City, tuve una larga charla con Bernie y Ced, y les dije que tenían que apegarse más a una rutina de 30 minutos. Pero Ced salió y la hizo de 40 minutos, y luego Bernie continuó con una de 48. Les costaba demasiado trabajo respetar el límite de tiempo. Hubo un intermedio de 20 minutos después de Bernie, y yo empecé a asustarme porque de veras había fracasado en Charlotte.

Cuando por fin salí, triunfé con todo. Desde aquella noche y cada noche durante los siguientes dos años, salí del escenario con una ovación de pie.

Nuestras dos primeras noches en Charlotte y Kansas City me ayudaron a empezar a entender el fracaso de una manera distinta. Aprendí que el fracaso no tiene que ser una experiencia devastadora y desalentadora sino, más bien, una oportunidad para obtener una experiencia de aprendizaje invaluable. Yo sabía que la noche en Kansas City sería difícil al principio, pero si no hubiera atravesado por aquella terrible noche en Charlotte, nunca habría escrito la nueva rutina de 45 minutos. Mi fracaso en Charlotte mi dio la experiencia que necesitaba para estremecer el escenario la noche siguiente, en Kansas City.

Con frecuencia, cuando la gente egresa de la universidad, se le dificulta encontrar empleo. ¿Por qué? Porque no tiene experiencia. Ningún patrón quiere contratar a alguien que nunca antes haya fracasado o que nunca antes haya cometido un error. Los empleadores quieren a alguien que tenga experiencia en el fracaso, que haya aprendido de él y que pueda realizar el trabajo. Entonces, el fracaso no existe para destruirte, sino para darte el poder de ganar las experiencias de vida de las que puedes aprender una y otra vez.

CÓMO ABRIR LAS REJAS DE TUS PRISIONES PERSONALES

Yo aprendí a buscar la sabiduría en todo tipo de gente, incluso en los hombres y mujeres en los sistemas penitenciarios. Muchas personas consideran a los prisioneros como fracasados. La realidad es que no hicieron el bien y los atraparon.

Pero el hecho de que estén encarcelados no significa que sean un fracaso en todo. Eso depende de su respuesta a su predicamento. Quizá tengan limitaciones en su libertad, pero me encanta cuando los prisioneros deciden que el sistema penitenciario no puede poseer su alma. Ellos ya hicieron las paces con las acciones que los llevaron tras las rejas; han pedido perdón por sus actos, y algunos se han disculpado con las víctimas de sus delitos. Muchos se han comprometido a mejorar espiritual, física y mentalmente. Algunos han tomado a reos más jóvenes bajo su protección y les han dicho: "No arruines tu vida como yo. ¡Si tienes la oportunidad de salir de este encierro, permanece afuera y no vuelvas!"

A todos nos espera una nueva oportunidad, y si estos hombres y mujeres encarcelados pueden hallar luz y esperanza dentro de los muros de la prisión, todos los demás, que podemos caminar en libertad cada día, no podemos darnos el lujo de no ver la luz que brilla sobre nosotros.

Muchos estamos encarcelados en la prisión de nuestra propia mente porque no miramos la propia luz. Con facilidad podemos quedar atrapados tras las rejas de un empleo sin futuro, un matrimonio anodino o una situación económica desesperada. Tenemos que levantarnos todos los días y tomar la decisión de enfocarnos en lo positivo. Si elegimos enfocarnos en lo negativo, seguro no estamos caminando hacia nuestra luz. Si vemos nuestro pasado, nuestra situación económica y cualquier desventura que nos haya ocurrido como algo trágico, nos cegamos a la luz que guarda esa situación.

Mira, esta es una luz verdadera: si aún te despiertas cada mañana es porque Dios tiene un plan mayor para ti y aún no lo has realizado. Cada día es una oportunidad de ver tu luz como un regalo. Todos tenemos oportunidades que se nos presentan a diario. Estas oportunidades se presentan en las personas que conocemos, las invitaciones que recibimos o la información que nos comparten. Nuestra respuesta a esas elecciones puede determinar la calidad de nuestra vida.

LAS OPORTUNIDADES ESTÁN EN TUS DECISIONES

Supongamos que un joven decide unirse a una pandilla. Nosotros podemos juzgarlo y decir que no tiene ninguna oportunidad. Pero, en realidad, él ha tenido oportunidades todo el tiempo. Si él se hubiera ocupado en concluir sus estudios, no hubiera dejado su empleo, no hubiera probado drogas o hubiera ido a la iglesia como su abuela se lo ordenaba, habría tenido acceso a oportunidades completamente distintas. Pero seamos realistas: si haces lo que siempre has hecho, tu vida no mejorará. No puedes llenar una solicitud de empleo cuando participas en violaciones colectivas o vendes drogas. Y no podrás tener acceso a las oportunidades correctas si te atrapan y pasas el resto de tu vida tras las rejas. La clave de las oportunidades está en nuestras decisiones. Para tener las oportunidades que quieres, tienes que tomar la decisión de cambiar. Por desgracia, el cambio es justo lo que le incomoda a mucha gente.

Todas nuestras acciones están entrelazadas, y nos preparan para los momentos por venir. Nosotros no sabemos cuándo, dónde ni cómo se nos presentará nuestro próximo gran momento. Yo creo que es por esto que Dios no nos muestra el panorama general de nuestra vida. Si así lo hiciera, seguramente lo arruinaríamos y nos daríamos por vencidos. Si Dios me hubiera mostrado que me iba a quedar sin casa y me iba a casar dos veces, le habría dicho: "No, a mí no. ¿Qué más tienes para mí?" Si Dios me hubiera mostrado un avance y me hubiera dejado ver que iba a perder todos los concursos de comedia a los que me inscribí antes de triunfar, le habría dicho: "Tienes que estar bromeando."

Cuando conducía el programa *Showtime at the Apollo*, recuerdo que presenté el debut de Sean "Puffy" Combs. Él entró en el escenario con dos chicos gordos –que eran, según me enteré después, Biggie Smalls y Lil' Cease–, y yo dije: "¿Qué van a hacer estos chicos? ¡Ni siquiera están cantando!" Pensé que iban a fracasar, pero Sean volvió en otra ocasión, después de que firmara su contrato para Bad Boys Records, y entonces trajo a todo un ejército de personas vestidas con camisetas de béisbol de Bad Boy.

Observo con detenimiento todas las ocasiones en que he visto a las personas fracasar y luego triunfar. Pero el fracaso es una parte ENORME del éxito; si tan sólo entendiéramos la necesidad del fracaso. Uno no puede ganar sino hasta que pierde. Cuando miras a un grande como Michael Jordan, tienes que aceptar que él no ganó seis campeonatos sólo ganando (primero tuvo que probar la derrota muchas, muchas veces).

Yo ya no veo el fracaso como fracaso. Ahora lo veo como experiencia valiosa, aprendida y adquirida. Me da la oportunidad de ver que si sabes *qué no hacer* es tan valioso como saber *qué hacer*. Es un proceso, pero cuando puedes reconocer y adoptar el proceso del fracaso, avanzas un paso más hacia el éxito.

3

Destapa el frasco

꙳

Para avanzar hacia tu sueño, es necesario "destapar el frasco". Muchísimos de nosotros dejamos que la edad, raza, sexo o antecedentes económicos nos detengan y nos impidan soñar en grande. Pero no puedes permitir que te detenga lo que tus padres hicieron o las limitaciones de tu entorno inmediato. Tienes que destapar tus expectativas y soñar en grande.

¿Alguna vez has visto lo que le ocurre a una pulga cuando la pones en un frasco? La pulga empieza a saltar de tal modo que su cabeza no choca contra la tapa. Todas las pulgas nacen con la misma capacidad vertical de saltar 200 veces su tamaño. Sin embargo, si las pulgas del frasco tienen hijos, como están en un medio ambiente donde sólo ven a otras pulgas saltar sólo lo suficiente para no golpearse la cabeza, las pulguitas empezarán a imitar esa conducta de su entorno. No puedes preocuparte por copiar las acciones de otras personas de tu entorno. Fuiste creado y destinado para escalar, saltar y volar 200 veces tu tamaño y aún más.

¿Qué tan a menudo permitimos que las impresiones de otros afecten nuestra dirección, aspiraciones o capacidades? En demasiadas ocasiones hemos detenido nuestro propio crecimiento y entorpecido nuestro paso por la opinión de otros. ¿Qué tan a menudo detenemos nuestro avance porque erramos el camino al basar nuestras acciones en la capacidad de alguien más? No caigas en la trampa de compararte con otros. Libérate de las excusas y limitaciones.

Al igual que la pulga, todos nacemos con la capacidad de dar enormes saltos verticales. Sin embargo, de manera gradual pero cierta, dejamos que el barrio donde crecimos o los antecedentes sociales o económicos de nuestra familia afecten nuestra manera de saltar. Nos volvemos como esas pulgas en el frasco y dejamos que el entorno nos impida alcanzar el máximo potencial. Algunos de nosotros estamos tan condicionados a estar en el frasco de nuestras limitaciones que, cuando por fin destapan el frasco, no sabemos cómo soñar en grande. No podemos imaginar que merecemos algo mejor de lo que ya tenemos. Pero, ¿sabes qué? Nosotros fuimos creados para vivir fuera de nuestro frasco actual, sin importar nuestra edad, sexo, raza o capacidades. Estamos diseñados para saltar tan alto y tan fuerte que de verdad podemos romper cualquier tapa.

Recuerdo la primera vez que le puse la tapa a mis limitaciones. Estaba en sexto grado y mi maestra le pidió al grupo que escribiera en una hoja de papel lo que quería ser cada uno cuando creciera. Todos empezaron a escribir y yo me emocioné. Sabía justo lo que quería ser cuando fuera grande: quería salir en la televisión. Escribí eso en el papel y lo entregué. La maestra empezó a decir nuestros nombres y a leer en voz alta lo que escribimos. Yo moría de ansias porque me llamara.

Cuando por fin mencionó mi nombre, dijo: "Pequeño Stevie, ponte de pie y pasa al frente." Cuando empecé a caminar hacia el frente del salón, supe que había escrito algo tan profundo y poderoso que ella quería compartirlo con todos. Yo era un niño pobre que se ponía ropa usada y tartamudeaba. Ésta era mi oportunidad de mostrarle a todos de lo que estaba hecho el *pequeño* Stevie.

Cuando por fin llegué al frente, ella me preguntó: "Pequeño Steve, ¿qué escribiste en tu papel?", alcé mi pechito y respondí con el orgullo de un campeón olímpico: "Quiero salir en la televisión", pero ella me confundió al preguntar: "¿Por qué escribiste eso en tu papel?" Yo pensé: *Bueno, ¿no fue eso lo que usted me pidió que hiciera?*, pero respondí respetuosamente: "Pensé que eso es lo que usted quería que hiciéramos, así que escribí que yo quiero salir en la televisión." Mi confusión se convirtió en horror cuando ella preguntó:

–¿Conoces a alguien que salga en la televisión?

–No, maestra –respondí.

–¿Alguien de tu familia ha salido en la televisión?

–No, maestra –volví a responder.

Ella atestó su golpe final cuando dijo:

–Stevie, tú no puedes salir en televisión. Llévate a casa este papel, escribe algo más realista y vuelve a traerlo mañana.

Yo estaba enojado. No entendía qué estaba pasando. Ella me había preguntado qué quería ser, no lo que mis padres hacían o lo que yo veía que hacían otras personas. Yo le dije lo que quería y ella mató mi sueño justo frente a toda la clase. La maestra llamó a mi casa antes de que yo llegara, y tan pronto como entré por la puerta, mi madre me preguntó: "¿Qué hiciste en la escuela?" Yo le conté lo ocurrido y ella dijo: "Hijo, ¿por qué no sólo escribiste en el papel algo de lo que quería la maestra?" Yo me quedé parado en la cocina, sin entender por qué mi madre estaba tan molesta.

En sexto grado, yo aún era una pulguita que soñaba y saltaba 200 veces mi tamaño. Quería salir en televisión por Bill Cosby. Cuando pasaban la serie *I Spy* (*Espías en conflicto*), la manzana se vaciaba porque todos corrían a casa para verla. Después de ver a Bill Cosby, supe que no quería ser electricista, médico, ni abogado. Quería ser divertido y salir en televisión, como él. Eso es todo lo que sabía.

Cuando mi padre llegó a casa, mi madre le contó lo ocurrido, y él dijo:

—Bueno, ¿qué hay de malo en eso? Si este chico quiere salir en televisión, por qué no puede escribir eso en su papel?

—Ella quiere que escriba algo más creíble —argumentó mi madre.

—Si eso es lo que él quiere ser, entonces será mejor que ella empiece a creerlo —dijo mi papá. Luego me pidió ir a mi habitación y esperarlo.

Cuando por fin llegó, hablamos sobre lo que quería la maestra. Él me dijo que tomara una nueva hoja de papel.

Acordamos escribir la palabra "policía" en la nueva hoja y entregársela al día siguiente. Luego me dijo que hiciera algo que cambió mi vida para siempre. Me dijo: "Steve, saca la primera hoja que escribiste, ponla en el cajón de arriba y, cada mañana antes de irte a la escuela y cada noche antes de dormir, lee esa hoja y cree en que un día saldrás en televisión."

Ahora, cuando algunas personas encienden su televisor, los siete días de la semana, el *pequeño* Steve está ahí. Yo no permití que una maestra de sexto grado y sus limitadas expectativas me afectaran. Acepto que eso me hizo daño durante algún tiempo, pero aprendí a mantener el sueño vivo.

En un día, alguien trató de ponerle una tapa a mis sueños, y horas después, mi padre quitó esa tapa para siempre. En aquel momento no me di cuenta de lo que mi papá hizo por mí. Los padres pueden ser quienes más tapas ponen al fijarles limitaciones a sus hijos. Pero tú tienes que quitar las tapas no importa quién las haya puesto ni durante cuánto tiempo hayan estado ahí.

¿AÚN TIENES LA TAPA PUESTA?

Aquí hay algunas maneras en que puedes saber si tu vida aún tiene la tapa puesta:

- Si no te emociona despertar por la mañana.

- Si pasas todos los días sentado, aburriéndote como loco.

- Si tienes tiempo para hacer todo lo que nadie te ha pedido.

- Si tienes tiempo para ver todos tus programas favoritos de TV de cada semana y no te pierdes un episodio.

- Si duermes bastante.

- Si tus sueños les parecen sensatos a quienes te rodean.

- Si puedes alcanzar tus sueños por ti mismo.

Si reconociste cualquiera de estas conductas en ti o te identificaste con las situaciones de la lista, entonces tienes que quitarle la tapa a tu vida y empezar a vivir tu sueño.

II

Cómo descubrir
y aceptar tu don

4

La brecha entre disiparte y sacrificarte por tu sueño

En Proverbios 29:18, dice: "Cuando no hay visiones, el pueblo se relaja, pero el que guarda la ley es dichoso."

La disipación es un estado peligroso en el que se vive en una existencia mundana sin darse cuenta. Y ahí estás, con tu vida cómoda y tu trabajo de siempre, haciendo las mismas cosas día tras día. Conoces tan bien tu rutina que quizá la sigas sin siquiera pensar. No hay sueños ni aspiraciones frente a ti, y si te despidieran mañana, no sabrías cómo buscar una vida mejor.

Sería muy triste si un día te levantaras por la mañana y te percataras de que has pasado años moviéndote en círculos sin destino ni propósito claro, desperdiciando tu don y destruyendo tu promesa. ¿Qué clase de vida es esa? Ya no puedes darte el lujo de pasar otro día sin una dirección clara ni un objetivo en tu vida. Yo no llegué a tal conclusión desde una posición de privilegio y poder. Viví en estado de relajación, y no tenía idea de cómo salir hasta que creé una visión para mi vida y me comprometí a vivir esa nueva promesa.

Cuando vuelvo a pensar en mis viejos tiempos, me duele recordar cuánto de mi vida estuvo desconectado de una visión real. Aceptaba cualquier trabajo para pagar la renta y la gasolina. Salía con cualquier chica que me ayudara a pasar el tiempo. En mis empleos, me juntaba con personas que no me motivaban a acercarme al lugar donde necesitaba estar. Estaba muriendo poco a poco y si no hubiera creado una nueva visión para mi vida, quizá aún estaría en Cleveland de trabajo en trabajo, haciendo reír a la gente los fines de semana.

La dispersión no siempre desemboca en un exacerbado drama emocional ni en la pérdida de todas tus posesiones. Con frecuencia, esa relajación es un proceso lento y doloroso, y si no pones atención, te hará creer que así es como deben ser las cosas. Al no tener una visión, te pierdes de todas las bendiciones, relaciones y oportunidades posibles. Cuando sólo te sientas en pasividad y dejas que tu vida se disipe sin visión, sufres el tipo de muerte más doloroso.

¿Estás en estado de disipación?

¿Cómo sabes si te estás disipando o no? Seamos sinceros. No esperes crear una nueva vida y una nueva visión para ti si la flojera es parte de tu rutina. Aplazar todo no te servirá. Tampoco te servirá hacer las cosas a medias, dejarlas mal hechas o no hacerlas. La falta de entusiasmo no funcionará.

La informalidad tampoco. Ni la deshonestidad. Cualquier rasgo negativo que te desvíe de tus sueños será inútil. La negatividad nunca podrá ser el combustible que impulse tu don.

También puedes saber si te estás disipando si eres la persona más lista de tu grupo. Si es así, entonces necesitas un nuevo grupo. No puedes ser una persona que todo lo sepa y a quien no se le pueda decir nada, porque eso endurecerá tu propia creatividad y la de la gente que te rodea.

¿Qué vas a hacer con tu brecha?

Otra manera de poner en perspectiva tu estado de disipación es darte cuenta de que un día tu vida va a terminar. Quieras creerlo o no, un día habrá un ataúd y un agujero en el suelo con tu nombre a un lado. El próximo funeral de tu iglesia bien podría ser el tuyo. Y lo más importante de ese día no será la cantidad de flores que rodeen tu féretro, ni cómo cante el coro tu himno favorito. Lo único que importará es qué tan bien usaste la brecha entre el día de tu nacimiento y tu muerte.

No quiero que pases tus días preocupado con pensamientos de muerte, pero sí quisiera que vivieras tu vida enfocado en cómo tu brecha marcará una diferencia en este mundo. Si aún te queda aire en los pulmones y la sangre te corre por las venas, tienes otro día más para hacer que tu brecha importe. Si aún tienes la bendición de levantarte y ver otro día, Dios tiene un propósito, un plan y un destino para tu brecha.

La mejor manera de empezar a salir de la disipación para cumplir tu promesa es hacer lo que yo llamo "pequeños depósitos". Se trata de esfuerzos sencillos que haces a diario para llegar a tu destino y añadirlos a tu legado. Leer un libro que te ayude a dominar tu don es un pequeño depósito. El empeño que pones en terminar un proyecto que debe estar listo para hoy es un pequeño depósito. Hablar con tus familiares durante la cena en lugar de ver televisión es un pequeño depósito. Cualquier actividad o acción grande o pequeña que mejore la calidad de tu vida y la de tu familia es un pequeño depósito.

La manera en que uses tu brecha depende de ti. Haz que hoy sea el día en que das significado a tu brecha mientras te acercas a tu destino.

Acciones para el éxito

Anota tres pequeños depósitos que planees hacer durante las siguientes 24 horas. Envíamelos por Twitter o Instagram a @ActLikeASuccess, con la etiqueta #DashDeposits.

1. _____

_____

_____

2. _____

_____

_____

3. _____

_____

_____

Ahora que hiciste algunos pequeños depósitos a tu cuenta del éxito, aquí tienes unas preguntas que deberás responder con "Sí" o "No", para que reflexiones seriamente mientras sales de tu disipación para llegar a tu destino.

1. Sin importar tu historial, ¿estás dispuesto a reconocer, perfeccionar y usar tu don para ser un triunfador?

2. ¿Estás abierto a hacer cambiar y evolucionar tu manera de pensar respecto al éxito?

3. ¿Estás dispuesto a cambiar tus acciones con relación al éxito?

4. ¿Estás dispuesto a creer que mereces toda la abundancia que la vida ofrece?

Si respondiste "No" a cualquiera de las preguntas, regálale este libro a una persona que esté dispuesta a reconocer su don. Dáselo a un amigo que tú sepas que ha estado buscando el éxito pero que tiene un trabajo sin futuro que no le brinda satisfacciones. Incluso puedes dejarlo en la puerta de la casa de algún familiar que quiera tener un matrimonio más sano o una mejor relación con sus hijos.

Ahora bien, si respondiste "Sí" a todas, sigue leyendo, pues tenemos trabajo por hacer.

Cómo entrar en la tierra de la promesa

No hay manera en que puedas salir de un estado de disipación para entrar en la Tierra de la promesa si no te levantas y dejas que el mundo vea tu don. ¿Qué caso tiene ser un gran chef si temes que otras personas prueben tus platillos? ¿Qué sentido tiene ser un gran orador si no dejas que el mundo te escuche?

Es completamente posible que inviertas los ahorros de toda tu vida en buscar tu sueño y un año después quedes en bancarrota. No es deseable, pero tu acto de fe puede enviarte de vuelta al sótano de tus padres. Pero, ¿qué es peor, saltar, caer y volver a levantarte o vivir arrepentido por haber permanecido inmóvil?

No puedes dejar que tu miedo a lo desconocido te impida llegar a tu destino. Si Dios me hubiera dicho que mi camino para convertirme en un comediante de éxito me llevaría a tener que vivir en mi auto, divorciarme y enfrentar una cuenta de 20 millones de dólares de impuestos, seguramente me habría quedado en la línea de ensamblaje de la Ford Motor Company. Pero dar el salto a un territorio desconocido me preparó para saltar aún más alto y lejos de lo que nunca había imaginado.

Vivir en la cuerda floja

Llegará un día en que la búsqueda por vivir tu sueño te costará más dinero que el que tienes en tu cuenta bancaria y tu crédito disponible en tu tarjeta. ¿Qué evitará que regreses con tu antiguo jefe para rogarle que te devuelva tu empleo? Mientras buscas tu sueño, tienes que estar preparado tanto para las épocas de escasez como para las de abundancia. Nadie dijo que vivir en la Tierra de la promesa fuera fácil. Cuando alguien te hace una crítica dura o destroza tu carácter, debes tener suficiente confianza en que lo que Dios tiene para ti no te lo puede quitar la opinión de una persona. Aun cuando tus responsabilidades económicas te obliguen a aceptar un trabajo de medio tiempo para sobrevivir, tienes que comprometerte con tu sueño hasta que consigas la oportunidad que mereces.

Cuándo sabes que sabes

Salvo tú y Dios, nadie puede ver tu don, pero sabes que ahí está. Hoy, para la mayoría de la gente, no tiene sentido que dediques tanto tiempo a algo que parece un pasatiempo inútil, pero tu corazón sabe que esa es la llave de tu fortuna. A fin de cuentas, tu determinación personal de fomentar y hacer crecer tu don será el factor decisivo entre tu éxito y tu fracaso. A mí no me importa qué tan cercana es tu relación con tu madre ni cuánto apoya tu sueño tu mejor amigo; si tú no lo sabes ni crees en tu don, nunca tendrás la vida que Dios te tiene destinada.

Cuando realmente vives en tu don, simplemente lo sabes. Cuando haces aquello por lo que fuiste creado para hacer, puedes sentirlo. Cuando se presenta la oportunidad correcta, no tendrás que forzarla. Quiero que seas capaz de *vivir* en un espacio donde tu sueño ya no sea un asunto de quién eres, sino la respuesta a todo lo que estás destinado a ser.

Cómo motivarte y mantenerte enfocado

Salir de la disipación para entrar en la Tierra de la promesa no funcionará si no estás motivado para permanecer ahí. Creemos que la motivación proviene de algún otro lugar, pero nuestra mayor motivación proviene de nuestro interior. La única diferencia entre las personas que tienen éxito y las que no lo tienen es que las primeras saben cuál es su don y cómo enfocarse en él a toda costa.

Una vez que descubrí mi don, desarrollarlo se convirtió en mi único punto de enfoque. Cuando dejé de enfocarme en cosas insignificantes y empecé a enfocarme en mi promesa, empecé avanzar en la dirección correcta.

Tenemos que comprometernos a destapar nuestro sueño cada día. Casi todo el mundo sólo quiere que consigas un empleo para enriquecer a otras personas. Muchas escuelas y programas de capacitación te forman para que trabajes en una compañía y te olvides de ti y de tus sueños. Quítale la tapa a tu vida *todos los días* y dile al mundo: "Puede que aún esté en este lugar, cumpliendo con mis deberes y dominando mi oficio, pero mis sueños están más allá de este mundo."

Acciones para el éxito

¿Cuál es el sueño sin tapas ni limitaciones que hoy tienes para tu vida? No limites tus sueños a tu carrera. Piensa en tu familia, tus relaciones y las contribuciones que puedes hacer a tu comunidad, tu casa o tu fe. ¿Tienes algunas ideas? Ahora anótalas aquí. Haz que tus descripciones tomen vida con detalles abundantes.

_____

_____

_____

_____

_____

_____

_____

_____

_____

_____

_____

_____

_____

_____

_____

_____

_____

_____

_____

_____

_____

_____

5

No importa cuánto te paguen sino para qué estás hecho

━━━◗

Recuerdo vívidamente el día en que decidí cambiar mi vida. Fue el martes 8 de octubre de 1985 en Cuyahoga Falls, Ohio. Tenía 27 años, estaba casado y era el padre de dos hermosas bebés gemelas. Aunque me emocionaba ser padre por primera vez, pasábamos por tiempos difíciles. Vivíamos en una pequeña casa de dos recámaras y a duras penas me ganaba la vida con mi empleo de tiempo completo y escribiendo chistes para el comediante A.J. Jamal. Una noche, estaba en el foro de comedia Hilarities Comedy Club y charlaba con una mujer llamada Gladys Jacobs. Ella sabía que yo trabajaba con A. J.

"¿Por qué no escribes algunos chistes para ti y te registras para participar en el concurso de aficionados de la próxima semana?", preguntó. Accedí a registrarme.

Me quedé para ver la rutina de Gladys. Aquella noche, había nueve comediantes en escena con ella. Algunos de los actores eran buenos; otros eran malos y, curiosamente, el tipo que imitaba a Bullwinkle Alce y a Popeye fue el que más hizo reír a los asistentes. El presentador leyó el nombre del último cómico amateur de la noche, pero su número fue aburridísimo.

"Bueno, ¿por qué no empezamos con los nombres para la próxima semana? Si Steve Harvey está aquí, que se ponga de pie", dijo.

Yo estaba ahí sentado, metido en lo mío, comiendo y bebiendo jugo de toronja. Dejé mi vaso y dije: "Gladys, alguien aquí se llama igual que yo."

Ella me miró y dijo: "No seas tonto, te habla a *ti*. ¡Pasa al frente!"

Pasé al escenario y empecé mi rutina de espaldas al público. Cuando me di la vuelta, dije: "Se supone que yo no debía de estar aquí sino hasta la próxima semana." Para mi desconcierto, se empezaron a reír. "No, en serio. ¡Esto es un accidente!" El público siguió riendo, pero Gladys notó que yo estaba petrificado.

"¡Cuéntanos sobre tu época de boxeador!", gritó ella.

Así les empecé a contar de cuando me enfrenté a uno de mis oponentes más fieros, llamado Bernard Taylor. Me metí mucho en la historia y empecé a mostrarles cómo solía subir al ring, con un paso patizambo. El público aullaba de risa. Mientras tanto, el presentador estaba a un lado del escenario indicándome que terminara, pero yo creí que me indicaba que siguiera, así que conté otra historia. Por último, dije: "Bueno, no se me ocurre nada más que contar, así que los veo la próxima semana."

Después de que terminé, el presentador llamó a todos los participantes para que volvieran a subir al escenario. Pidió al público que, con aplausos, eligieran al mejor comediante. Ahí gané mi primer concurso como cómico amateur. ¡El primer premio era de 50 dólares!

Me fui a trabajar la mañana siguiente y me llevé los 50 dólares. Me sentía en las nubes. Pasé a la tarjetería y pagué 25 dólares para imprimir 200 tarjetas con mi nombre, dirección, número telefónico y la palabra "Comediante" justo debajo de mi nombre. Esperé hasta que las 200 tarjetas salieran de la imprenta. Cuando quedaron listas, tomé mi caja de tarjetas recién impresas y fui a mostrárselas a mi amigo Russell.

Cuando llegué con Rusell preguntó: "¿Dónde estuviste anoche? Te estuve buscando y no pude hallarte por ninguna parte." Le conté que había ganado un concurso de aficionados en un foro de comedia.

—¿Un foro de comedia? ¡Es justo ahí donde necesitas estar!

Le mostré las tarjetas.

—Estoy pensando en dejar este trabajo.

—Bueno, no lo pienses. ¡Hazlo!

Conseguí una caja, vacié mi escritorio y me dirigí a la oficina de mi jefe para presentarle mi renuncia.

—Tom, te agradezco mucho esta oportunidad, pero ya tengo una familia y anoche descubrí lo que en realidad quiero ser.

—Bueno, ¿y qué quieres ser, Steve? —me preguntó.

Le conté que había ganado el concurso en el foro de comedia y le informé que ahora yo era comediante. Tom me miró a los ojos y dijo:

—¿Ganaste un concurso de aficionados y te crees comediante? Steve, nunca te escuché decir algo divertido desde que estás aquí.

Yo quería demostrarle que hablaba muy en serio. Le entregué una de mis nuevas tarjetas de presentación, que aún estaba caliente por la imprenta.

—Mira, Steve, eres un muchacho joven con una familia que mantener. No pierdas el tiempo persiguiendo un sueño tonto. Ahora, toma esa caja, vuelve a poner las cosas en tu escritorio y siéntate. Haré de cuenta que esto nunca ocurrió.

Yo permití que Tom me convenciera de no renunciar. Me di la vuelta y salí de su oficina. Regresé a mi escritorio.

—¿Qué haces? —preguntó Russell.

Le conté que Tom me había dado algunos buenos consejos sobre ser responsable y hacerme cargo de mi familia.

Russell reaccionó:

—Entonces, ¿vas a permitir que este tipo te diga qué hacer en tu vida? Steve, déjame preguntarte algo: ¿Es Tom el tipo de hombre que quieres ser?

—No.

—¿Es su auto el tipo de auto que quieres?

—No.

—Entonces, ¿por qué rayos le haces caso? Steve, tú eres el hombre más gracioso que conozco. Realmente pienso que aquí desperdicias tu talento. Deja tus cosas en la caja y vete.

Tomé mi caja por segunda vez y me dirigí de regreso a la oficina de Tom. Volví a explicarle que mi plan de convertirme en comediante era serio. Él me miró como si yo fuera el tonto más grande del mundo.

–Muy bien, Steve. Si sales de esta puerta, no te voy a devolver tu trabajo –. Volví a agradecerle y quise darle la mano, pero él me rechazó.

–Estás dando un mal paso, Steve, pero te deseo suerte.

Crucé la puerta, salté y nunca miré atrás.

No te estoy aconsejando que renuncies a tu trabajo mañana mismo. Te diré que durante mis primeros meses como comediante, pensé que Tom tenía razón. Gané 125 dólares en mi primer mes, y aún menos en el segundo, pues mi gracia sólo valió 75 dólares. Acabé perdiendo a mi familia y mi casa. Pensé que todo sería mejor afuera, pero sólo empeoró, y apenas ganaba suficiente dinero para enviar a casa.

Y a pesar de haberme quedado sin casa, sabía que estaba haciendo lo que había nacido para hacer. Aún no alcanzaba el éxito, pero estaba en camino de alcanzarlo. Supe que tenía un don para hacer reír a la gente desde los diez años, pero no lo uní con un vehículo llamado "ser comediante" sino hasta casi los treinta.

Quiero darte una información muy importante: tú tienes un don. Sí, tú también tienes un don. Nuestro creador, en su infinita sabiduría, creó a cada alma con un don. Tu don es completamente único. Nadie te lo puede robar. Tú eres la única persona que puede elegir usarlo o ignorarlo. Tú tienes el poder de permitir que se use para enriquecer tu vida.

"Steve, ¿cuál es *mi* don?" Tu don es justo lo que haces mejor con el menor esfuerzo.

Tómate un momento para pensar en lo que estoy diciendo. Sé honesto contigo mismo mientras reflexionas en mis palabras: *tú tienes un don*. Date cuenta de yo no pregunté qué es lo que te apasiona ni lo que esperabas, soñabas o deseabas. ¿Qué es lo que haces mejor con el menor esfuerzo?

No pienses que un don se limita a practicar algún deporte o subirte a un escenario. Hay muchas opciones. ¿Eres bueno para resolver problemas? ¿Eres un escucha agudo que puede expresar los puntos de vista de otros? ¿Tienes la capacidad de juntar a personas que pueden formar relaciones benéficas y que fomenten la empresa? ¿Cocinas rico? ¿Eres un excelente mediador? ¿Tienes una voz tranquilizante que puede mejorar el ánimo de las personas? ¿Eres especialmente efectivo para comunicarte con los niños? ¿Puedes dibujar o pintar? ¿Te gusta diseñar ropa? ¿Te emociona hacer arreglos florales? ¿Para qué actividad te dotó naturalmente el creador?

El concepto mismo de "don" puede ser difícil. Nos han condicionado a preocuparnos más por los trabajos y los títulos. Nuestro don no es el trabajo que tenemos y que creemos mejor que el de los demás. Tengo bastantes amigos que están ganando millones de dólares y odian lo que hacen porque, aunque están usando sus talentos, no usan su don.

Mientras descubres cuál es tu don, no te dejes confundir por opciones de carrera alternativas.

Es probable que a algunas personas se les dificulte identificar su don porque lo asocian con un trabajo o lo definen como tal. Yo entiendo bien eso y sé que esto les ocurre de manera especial a los hombres porque mucha de nuestra identidad está asociada a la compañía para la que trabajamos o al título que aparece en nuestra tarjeta de presentación. Pero tu trabajo no es tu don. Puede ser uno de los lugares donde uses tu don. Pero también debes usar tu don en tus relaciones, tu comunidad y en todos los demás aspectos de tu vida.

Tu don es algo que se conecta contigo ya sea que estés trabajando o de vacaciones, ya sea que estés con tu familia o solo. Tu don no te lo pueden quitar con un recorte de personal y tampoco te lo pueden dar cuando alguien crea la descripción de un empleo. Tu don existe porque tú existes.

He aprendido que un trabajo en particular jamás va a contener mi don. Mi don y tu don son más grandes que un empleo. Estaba tan preocupado por conseguir presentaciones que no me percaté de que mi don para hacer reír a la gente no tenía que ver con un escenario de comedia. He sido capaz de ir más allá del "empleo" al cual yo identificaba con mi don para ver en realidad cómo ese don tan único me abrió las puertas de la radio, la televisión, el cine, incluso los libros. Es de notarse que, cuando estoy en la radio, hago reír a la gente. Cuando estoy en mi programa de televisión, hago reír a la gente. Cuando conduzco *Family Feud*, hago reír a la gente. Mi don siempre ha estado conmigo y lo uso para incrementar mi éxito.

Si eres chofer, no te cases con la idea: "Conduzco bien, así que trabajaré como chofer para una compañía." No. Tu don es conducir bien, pero el vehículo correcto para tu don podría no ser conducir para una compañía; depende de qué te dará la mayor satisfacción. Si conducir realmente es tu don, tú podrías ser uno de los mejores conductores en cualquier área y en cualquier campo. Tú tendrás la capacidad de lograr un éxito increíble con tu don de conducir. Yo te garantizo que será más emocionante para ti levantarte por la mañana y conducir para ti, dedicar tu día a capacitar a conductores más jóvenes que trabajen para ti. O quizá el vehículo correcto para tu don sea proveer transporte a tu iglesia local o para las personas mayores de tu comunidad. Mira, tu don no tiene por qué convertirse en profesión. Puede ser algo que hagas de manera voluntaria para servir a tu comunidad. Si servir te da placer, la alegría que eso trae a tu vida será tu recompensa.

Quizá tu don sea servir. Toda tu vida, la gente te ha dicho que el único lugar donde tu don tiene sentido es en la iglesia o en el sector no lucrativo. Bueno, ese puede ser el lugar para que prosperes, el lugar al cual te sientas llamado.

Existe una enorme industria del servicio. No puedo ni contar cuántas personas de servicio hacen que mi vida sea mejor, desde la puerta hasta la oficina ejecutiva de hoteles, restaurantes, *spas* y salones de eventos. Un día podrías tener tu propio hotel o ser el gerente general del mejor restaurante de tu ciudad. Todo lo que necesitas es el don de servir, el cual ya tienes, para hacerle la vida más placentera a la gente.

LO QUE TU DON NO ES

La pasión es una emoción fuerte relacionada con algo que haces. La pasión es la emoción, pero no es el don. Algunas personas no se apasionan con su don porque no se han dado el espacio para realmente incursionar en él. Yo quiero que te apasiones con tu don a medida que aprendes a reconocerlo y perfeccionarlo, pero no confundas tu pasión por algo, con tu don.

Por último, tu don no son tus talentos. De hecho, lo que nosotros hacemos bien a veces nos impide descubrir algo que podemos hacer de maravilla. Yo considero los talentos como algo inferior al don. Los talentos pueden aprenderse; el don es inherente. Tu don no puede ser estudiado por otra persona y luego desempeñado con la misma aptitud. Sin embargo, nuestros talentos suelen llevarnos a ejercitar nuestro don.

Usa tus talentos, pero se consciente que es tu don el que te pone en presencia de personas geniales. Proverbios 18:16, dice: "El don que tiene un hombre allana el camino, y lo lleva a la presencia de los grandes."

Después de identificarlo y decidir usarlo, tu don te llevará al cumplimiento del propósito y la misión de tu vida. Se presentará ante ti una maravillosa oportunidad para vivir lleno de abundancia. Tu éxito estará ligado al don que recibiste gratis el día en que naciste. Tu don revelará todos los misterios de tu vida. Tu misión, tu propósito y tu destino estarán unidos a una cosa: *tu don*. Te garantizo que, cuando reconozcas tu don y decidas la manera más valiosa de usarlo, tu vida tendrá un nuevo significado y una nueva dirección.

Tómate un minuto para responder las siguientes preguntas que te ayudarán a identificar tu don:

Acciones para el éxito

1. ¿Qué es lo que mejor haces con el mínimo esfuerzo?

_____

_____

_____

_____

_____

_____

_____

_____

_____

2. ¿Cuál es el don con el que te asocian otras personas? ¿Por qué?

_____

_____

_____

_____

_____

_____

3. Si siguieras el consejo de esas personas, ¿cómo utilizarías tu don?

_____

_____

_____

_____

_____

_____

6

Cómo conocer tu don y ponerlo en el vehículo correcto

Steve Jobs fue uno de los mayores innovadores estadouni-denses de los últimos 30 años. Fue un maestro innovador de la tecnología; los usuarios no sabían que necesitaban sus creaciones hasta que él les mostró cómo revolucionarían su vida. Cuando entras a una tienda Apple y abres una caja con el logotipo de la marca, sabes que tendrás en tus manos un poco de esa magia de Steve Jobs.

Steve Jobs tenía un don para ver la tecnología de maneras que en verdad cambiaron la forma en que vivimos. Algunas personas incluso son adictas a sus iPhones e iPads.

La capacidad de innovar y transformar la tecnología, así como la marca que dejó en el mundo, se debe al don de Steve Jobs. Esta combinación de usar tu don e infundirle tus habilidades y talentos personales es a lo que yo llamo la "marca de tu don".

Al igual que una marca registrada, tu don es la es-tampa que dejas en el mundo cada vez que usas a su máxima capacidad los talentos y habilidades que Dios te dio. Uno sabe, sin lugar a duda, qué esperar cada vez que compra una caja con el logotipo de Apple o se sienta tras el volante de un auto con la insignia de la BMW. La marca de tu don debe ser lo que la gente llega a esperar *cada* vez que te contrata o te pide que formes parte de su equipo. La marca de tu don es el sabor que añades a tus creaciones para mostrarle al mundo que tu ADN está ahí. En cuanto ocupes tu puesto, la gente sabe que recibirá tu don justo de la manera en que sólo tú puedes entregarlo.

Si te dedicas a planear eventos, la gente que vaya a tus reuniones podrá ver de inmediato la marca de tu don expresada en el arreglo de la mesa o reflejada en la acogedora iluminación de la sala. Si eres un entrenador personal de vida, la gente debería ser capaz de ver una transformación única en la vida profesional y personal de tus clientes que refleje tu energía especial. La marca de tu don es lo que te separará del resto.

Quizá conozcas a dos peluqueros que sepan cómo hacer cortes estupendos. Pero la diferencia entre el que tiene a clientes formados para sentarse en su silla y el que no puede costear una silla es la marca del don. La marca del don del buen peluquero puede ser algo tan sencillo como saber cómo conectarse con el cliente o recordar que el hijo de otro cliente tiene el cuero cabelludo muy sensible.

Una vez que has descubierto tu don, encuentra ese toque distintivo que hará que tu don sobresalga y brille. Lo que hagas con tu don depende por completo de ti. Yo te recomiendo que lo uses para compartirlo con el mundo de diversas maneras.

Nunca es demasiado tarde para acoger tu don. Yo reconozco que a la mayoría de la gente, incluso a ti, les falta muy poco para empezar a convertir lo que pudo haber sido en lo que puede ser.

Después de que hayas identificado tu don, necesitas estar atento para descubrir el vehículo correcto para él. El vehículo correcto te dará el transporte que necesitas para emprender tu viaje y adentrarte en tu futuro. Mientras empiezas a buscar los cauces correctos para tu don, descubrirás que están alrededor. Los verdaderos triunfadores usan el vehículo adecuado en cada momento para subir por peldaños de éxito cada vez mayores.

TU VEHÍCULO DE HOY

Lo que más me gustó del inesperado álbum de Beyoncé, que lleva su nombre, no fue la música. Tampoco fue el hecho de que ella impactara al mundo al no usar la comercialización y la promoción convencionales, y lanzarlo sin previo aviso. ¡Pum! Me encantó que estuviera lleno de imágenes de Beyoncé cuando era una niña cantante y del caminó que siguió para convertirse en la Beyoncé que llena estadios. Hay un video de ella en un grupo de chicas llamado Girls Tyme. En un concurso, ellas perdieron frente a un grupo de chicos del que nadie volvió a escuchar jamás. En esta época, cuando las estrellas, los magnates, incluso los atletas afirman que alcanzaron el éxito de la noche a la mañana, engañan a la gente haciéndolos creer que tienen que conectar de inmediato su don con un vehículo de un millón de dólares. La mayoría de la gente nunca oyó de las Girls Tyme, pero aquel fue sólo *uno* de los vehículos de los que se valió Beyoncé antes de *Destiny's Child*, de *Sasha Fierce* y de *Mrs. Carter*. Beyoncé usó el vehículo que tenía a la mano en aquel momento para trabajar con miras a la siguiente oportunidad de su vida.

No tienes que enredar tu viaje tratando de hallar un vehículo que te lleve de una vez a tu destino final. Quizá el primer vehículo al que te unas no sea el mismo con el que llegues a tu destino. Tan sólo únete al vehículo que ponga tu don en movimiento. Piensa en esto como si viajaras en camión de un destino al siguiente. A menudo tienes que transbordar para terminar el viaje. Luego te conducirán a otro transbordo, el cual te llevará a tu segundo vehículo.

Yo no uní mi don a un vehículo llamado "comediante" sino hasta que casi cumplí los 30 años. Mi primer intento fue un concurso de aficionados. El siguiente fue una presentación donde me pagaron 25 dólares. Ahora bien, un vehículo de 25 dólares ciertamente no me iba a llevar hasta el nivel en el que estoy ahora. Pero fue un comienzo. El transbordo llegó cuando me convertí en artista principal, lo cual me llevó de ganar 350 dólares semanales a ganar 750.

El siguiente transbordo que tomé me llevó a convertirme en artista principal a nivel nacional, con lo cual gané desde 1500 dólares a la semana en pequeños foros de comedia hasta 60 000 en salas más grandes. Mi siguiente transbordo me llevó a tener un estilo de vida en el cual ganaba 25 000 dólares cada noche.

Mi siguiente transbordo me llevó a convertirme en anfitrión de *Showtime at the Apollo*. Ese proyecto me expuso a la televisión nacional, lo cual me llevó a un programa de televisión llamado *Me and the Boys*. A su vez, ese programa me llevó a *The Steve Harvey Show*. Después de eso, me convertí en uno de los Reyes de la comedia originales. Esa plataforma me lanzó a la estratósfera de aquello que yo me había dispuesto a ser en primer lugar: uno de los principales comediantes en vivo del país.

¿Estás tan ocupado buscando el vehículo de lujo que tu modesto don actual no te permite tener? Necesito que te abras a conectarte con un vehículo que complemente el nivel actual de tu don para que puedas avanzar hacia el siguiente nivel. Empieza ahora mismo, en el lugar donde estás. ¿A partir de dónde puedes iniciar tu viaje ahora? ¿A qué pasos o vehículo sencillos puedes unirte?

Supongamos que eres estilista. ¿Puedes empezar arreglando el cabello de la gente en tu cocina? ¿Puedes conseguir una butaca o silla en el salón de belleza más cercano? ¿Estás dispuesto a hacer todo el trabajo que se requiere para conseguir tu licencia de cosmetólogo? ¿Estás dispuesto a aprender con alguien que sabe más que tú? Nunca temas ponerte en una posición inferior de manera que puedas aprender de alguien que sabe más. Nadie puede enseñarte más que alguien que ya ha estado ahí.

Aún no eres Vidal Sasson, pero vas por buen camino. Sigue trabajando y toma otro transbordo. Consigue una mejor silla en un mejor salón de belleza. Toma otro transbordo y asóciate con otra persona. Toma otro transbordo. Abre un pequeño salón de belleza. Toma otro transbordo. Instala más sillas en tu salón. Toma otro transbordo. Empieza a rentar espacio para otros estilistas en tu salón. Como decía mi papá: "De pasito en pasito se va haciendo el caminito."

Si eres trailero y sueñas con tener una flota de tráileres, no puedes esperar a que alguien te dé dinero para comprar tu primera flotilla. Al principio, tendrás que obtener tu licencia de conducir comercial. Después de que consigas tu licencia de chofer, podrás empezar a conducir a nivel local. Luego podrás conducir a nivel interestatal.

Cuando empieces a ganar dinero, podrás ahorrar para comprar tu primer tráiler. Después de que consigas tu primer camión y te des a conocer como alguien que siempre entrega a tiempo, tienes que pensar en comprar otro camión y contratar a otro chofer. Tu sueño va por buen camino. Sólo sigue comprando transbordos de un vehículo al siguiente. Antes de que siquiera te percates, tendrás diez camiones en circulación y tu sueño de tener tu propia compañía de transporte interestatal se habrá convertido en realidad.

Si tu sueño es convertirte en chef, empieza a cocinar para tu familia. Habla con personas que quieran hacer eventos familiares especiales pero que no puedan pagar a un servicio de banquetes caro. Cocina como voluntario en algún albergue para indigentes o crea un programa en la secundaria de tu localidad para enseñar a los jóvenes a cocinar. Quién sabe, tal vez salgas en las noticias locales por lo que estás haciendo por los jóvenes y esa aparición podría ser una oportunidad para que compartas tu visión con el mundo. Esos vehículos locales son los lugares perfectos para empezar.

Yo conozco en persona al caballero que hace los arreglos florales para los hoteles Four Seasons de todo el mundo. Él no inició su carrera viajando de Nueva York a Paris y a Dubai para compartir su don para arreglar flores. Ese don empezó cuando trabajaba en un hotel mucho más pequeño que en realidad no apreciaba el talento que él aportaba al personal. Pero él no permitió que esa falta de aprecio le impidiera hacer lo que estaba llamado a hacer. Antes de siquiera percatarse, alguien vio una de sus creaciones y le dio la oportunidad de diseñar los arreglos para los Four Seasons, y ahora él prepara los arreglos florales para los Grammys y *The Queen Latifah Show*.

Sólo porque tú cantes bien no significa que tengas que usar tu don para convertirte en la siguiente Whitney Houston o Mariah Carey. Tener la capacidad de hacer reír a la gente no significa que tengas que convertirte en comediante en vivo. Si ya viste el documental ganador del Óscar *20 Feet from Stardom*, sabes que las mejores voces de nuestra generación entraron en el escenario como coristas de algunos de los mayores intérpretes del mundo. Y los mejores cómicos no siempre son los que están frente al micrófono; a menudo son los que están tras bambalinas, escribiendo los chistes.

Quizá tengas el don de enseñar y te hayas rehusado a seguir ese camino porque a la mayoría de los maestros de escuela no se les paga lo que valen. Pero, ¿quién dijo que tienes que enseñar en un salón de clases? La oradora motivacional Lisa Nichols también es maestra, e inspira y fortalece a la gente en recintos llenos en todo el país. Tony Robbins es maestro, y sé que a la mayoría de las personas no les vendría mal ganar un poco de lo que él gana como educador. Encontrar el vehículo correcto para tu don es la clave para hacer que tu don haga realidad tus sueños. Tanto Lisa como Tony se dieron cuenta de que tenían que crear sus propios caminos, no dejar que alguien los creara por ellos ni repetir lo que hizo la generación anterior a ellos.

DEJA QUE TU VEHÍCULO TE ENSEÑE A CONDUCIR

Tu vehículo no se conecta con tu don y te transporta al siguiente nivel de éxito automáticamente. Tu vehículo debe realzar tu don. Debe ayudarte a perfeccionarlo. Esto significa que tienes que ser muy enérgico al aprender a conducir el vehículo en el que estés y ser lo bastante paciente como para dominarlo antes de pasar al siguiente. Domina tu don desde el lugar en que estés. Comete todos los errores que puedas en la carcacha antes de llegar al cupé.

PIENSA MÁS EN GRANDE QUE TUS PADRES

Mi papá era un hombre de autos. Tenía un Mercedes de los 50, una vieja vagoneta con costados de madera del 63 y una vagoneta del 68, la cual se convirtió en mi primer auto cuando me la dio en 1977. Estos vehículos deben llevarte sólo al siguiente nivel, no al final de tu viaje. He conocido a muchas personas muy inteligentes, talentosas y dotadas que se quedan en el mismo vehículo por demasiado tiempo. Si notas que estás trabajando con empeño y astucia, conectado a un vehículo y con la visión clara, pero pareces avanzar cada vez menos, entonces, es momento de cambiar. Es hora de tomar otro curso, unirte a una nueva organización o abrir un nuevo negocio. Si estás comprometido con tu don, y lo estás desarrollando y perfeccionando, sabrás cuándo tu don se ha vuelto demasiado grande para el vehículo.

NO TEMAS HACER UN MANEJO DE PRUEBA

Ahora que has empezado a usar los vehículos disponibles para dominar tu don, es hora de elegir la ruta que te llevará a niveles más altos. Es hora de dejar de pensar en los vehículos para tu don como trabajos de oficina tradicionales. Tienes que darte el tiempo para probar tantas opciones como puedas para tu don. No temas elegir un avión cuando otros conducen un auto. Tu vehículo puede ser tan único como tu don. Cuando me inicié como comediante en los años 80, aún no imaginaba que tendría varias oportunidades para mi don, entre ellas, conducir un programa de radio, tener mi propio programa diurno de televisión, conducir un popular programa de concursos, y ahora, escribir mi tercer libro.

Tampoco debemos temerle a probar un auto que esté fuera de nuestro presupuesto. Algunos de nosotros ni siquiera pensamos en sentarnos en un auto de lujo porque sólo podemos ver la situación en que estamos ahora. Nos apresuramos a descartar un auto porque nos exigirá trabajar por más tiempo, aprender nuevas habilidades o pasar más tiempo lejos de casa. Aunque un vehículo requiera de una inversión mayor de inicio, tienes que considerar lo bien que avanzará tu don durante tu viaje si estás dispuesto a ponerlo en un vehículo de alta calidad.

NO TE ESTANQUES CON UNA CARCACHA

Algo tan importante como conocer los tipos de vehículos más adecuados para tu don es saber qué oportunidades elegir. El hecho de que seas un gran chef no significa necesariamente que necesites abrir un restaurante. El mejor vehículo para tu don podría ser la organización de banquetes privados. Si eres un gran entrenador de baloncesto, la mejor salida para tu don podría ser entrenar un equipo de alumnos de preparatoria en lugar de poner tu mirada en la NBA.

Yo sería la última persona que desalentaría a alguien de convertirse en empresario, pero quiero que pienses todo lo que implica ser empresario antes de comprometerte con eso. No es un camino ordinario. Tener una empresa propia

requiere de sacrificios que van más allá de las responsabilidades de un trabajo de oficina. Necesitarás el equipo
correcto para mantenerte en buen camino. Es probable que
te surjan gastos que te exigirán recursos que no tienes para
invertirlos en el momento. O quizá seas el tipo de persona
que prefiere tiempo de calidad para ti y tu familia, y dedicar
menos tiempo a las jornadas laborales largas. Además, no
puedes dejar que cualquiera entre a tu auto cuando estás
comprometido con ser empresario. ¿Sabes cómo se le llama
a una persona que toma un avión sin importarle el destino
que lleve el avión? Se le llama "secuestrador".

No hay nada malo en aceptar un empleo modesto
siempre y cuando no pierdas de vista el objetivo de convertirte en empresario. Date el tiempo para conectarte con
personas de tu campo. Entérate de lo que en verdad necesitas para convertirte en tu propio jefe, así como de qué tipo
de sacrificios de tiempo, dinero y energía se requiere para
tener éxito.

Acciones para el éxito

Cómo elegir el vehículo correcto

Hazte estas preguntas para que puedas elegir el vehículo perfecto para ti y para tu don.

1. ¿Dónde está tu destino final? Es importante que siempre tengas presente dónde quieres acabar.

2. ¿Dónde es tu próxima parada? ¿Cuál es tu próxima meta? ¿Es un ascenso en tu empleo actual? ¿Es tomar la iniciativa y hacer un proyecto alterno? ¿Es formar una familia? Esa es la pregunta clave. Por eso, la oportunidad o el vehículo para Robert –que tiene 30 años, es soltero, quiere casarse y desea un trabajo bien pagado pero que le dé bastante tiempo para su familia– no serán los mismos que para Stephanie –que tiene la misma edad, no quiere tener familia y quiere ser socia en una enorme firma legal. ¿Qué es lo que *tú* quieres? ¿Puede lo que deseas llevarte a ese lugar y prepararte para el siguiente viaje?

3. ¿Sabes cómo operar ese vehículo *hoy*, pero sólo lo indispensable para no chocar? Esto significa que no estás creciendo. No vuelvas a ser maestro en tu antigua escuela cuando sabes que tu siguiente paso es ser director. ¿El vehículo aún está fuera de tu dominio pero es controlable? Eso es lo que te conviene. Es difícil, divertido, te saca de tu zona de confort, *pero*... puedes hacer que funcione. Ahí es donde necesitas estar.

Estas preguntas te permitirán saber si estás enfocado en el vehículo correcto para ti. También evitarán que intentes usar el mismo vehículo de un amigo que ni siquiera va al mismo lugar que tú. Si ajustas tu vehículo a tu don y a tu viaje, siempre irás por el rumbo correcto.

Acciones para el éxito

Haz una lista con los vehículos para tu don *actual*.

_____

_____

_____

_____

_____

_____

_____

_____

_____

Anota los tipos de vehículos que te gustaría usar para tu don, dentro de cinco o diez años.

_____

_____

_____

_____

_____

_____

_____

_____

Comparte conmigo alguno de tus nuevos viajes usando la etiqueta #Vehicle4MyVictory@ActLikeASuccess.

7

Cómo entender tu propia constitución

~~~~~

Para que fomentes adecuadamente tu don, debes tener la constitución adecuada, y eso suele requerir de algunos cambios de tu parte. Cuando hablo de "constitución", no me refiero a que te ejercites para tratar de tener un cuerpo atlético; me refiero a obtener una serie de rasgos adecuados, los cuales te llevarán hasta tus sueños más grandes. Tu constitución es la fuerza que impulsa el vehículo al que te has unido y cuyo destino es el éxito. En este capítulo exploraremos lo que requieres para desarrollar tu constitución personal hasta los niveles más altos, de manera que te impulsen para alcanzar tus metas.

¿QUÉ TIPO DE CONSTITUCIÓN NECESITAS?

Lo primero que necesitas en tu constitución es ser el tipo de persona que atrae a otras en lugar de alejarlas. No existen los seres humanos que se forjan solos; tienes que conocer las leyes de la atracción para atraer hacia ti a la gente correcta. Tienes que ser alguien con quien sea fácil trabajar.

A continuación, tienes que aspirar a ser una persona visionaria con una actitud positiva. Quienes permiten que otros se expandan, desarrollen y exploren son justo el tipo de personas de las que te conviene rodearte. Cuando estás con las personas correctas, surgen oportunidades adecuadas para que aprendas de sus experiencias y conocimientos.

También debes reconocer tus limitaciones y estar dispuesto a mejorarlas. Al reconocer tus limitaciones, puedes tomarlas en cuenta para contratar a otras personas como parte de tu equipo.

Por último, tienes que respetar el tiempo –propio y ajeno– siendo puntual. Tienes que ser una persona íntegra. Tienes que ser honorable y confiable haciendo lo que dices que vas a hacer justo cuando dices que lo harás.

SÉ SINCERO Y REALISTA, Y FÓRMATE NUEVOS HÁBITOS

Una parte esencial de tu constitución tiene que consistir en ser sincero y realista, y estar dispuesto a emprender nuevas acciones.

Sé sincero

Ahora no es momento de empezar a mentirte. Si estás cansado de la manera en que has estado viviendo, es hora de cambiar. Quiero que en este momento te pares frente a un espejo, te mires a los ojos y seas honesto respecto a tu situación actual. No la justifiques. No responsabilices a otros de ella. ¿Qué es eso que siempre te estorba? Ve más allá de tus excusas y pregúntate el porqué. Quizá tus respuestas incluyan temor, fracaso, circunstancias familiares o la economía. Si las respuestas no te llegan de inmediato, éste podría ser el momento de buscar consejo religioso o psicoterapia. No temas obtener la ayuda que necesitas para vivir la vida que mereces.

Sé realista

Aquí es donde tenemos lo bueno de cambiar las acciones negativas por acciones positivas. ¿Acaso postergar las cosas te está matando? Remplaza eso con una estrategia que te lleve a la acción. ¿Te niegas a aceptar tus errores? Pide a tu pareja o a algún amigo que te señale tus responsabilidades. Cualquiera que sea el problema, comprométete a ser realista y a encontrar acciones de remplazo positivas y responsables.

La gente que cree tener determinada constitución y en realidad no la tiene enfrenta un problema. Si tú haces la pregunta y también la respondes, entonces no tienes la verdadera constitución. No puedes tener la respuesta verdadera. Todo lo que haces es decirte una y otra vez lo que quieres oír de ti. Tienes que estar dispuesto a tener una conversación brutalmente honesta contigo mismo. Al no ser franco respecto a la situación, la única persona a la que engañas es a ti mismo.

Fórmate nuevos hábitos

Una vez que te has vuelto honesto contigo mismo e identificas nuevas acciones para enfrentar tus debilidades, viene lo más difícil: cambiar tus hábitos. En su libro *Making Habits, Breaking Habits* (*Cómo formar hábitos y romper hábitos*), el psicólogo Jeremy Dean cuestiona el mito de que sólo se requieren de 21 días para cambiar un hábito. Podrías tardar dos años en hacer un cambio completo en algunas áreas de tu vida, pero serán dos años muy productivos que te recompensarán toda la vida.

No te preocupes por cuánto tiempo tardes en hacer el cambio. El tiempo está a tu favor cuando lo usas de manera productiva. Enfoca tu energía en desarrollar tus nuevos hábitos. Hazlo un día a la vez. Cuando logres hacerlo en un día, quiero que hagas algo revolucionario: quiero que te levantes y lo hagas otra vez. Y otra vez. Y otra. Muy pronto, éste no será sólo un hábito que trates de conquistar: será tu nuevo mapa rumbo al éxito.

CAMBIAR TU CONSTITUCIÓN CON INTEGRIDAD

Muchas veces en mi vida he tenido que cambiar mi constitución. Para lograrlo, tuve que volverme una persona más positiva e íntegra. Creo que el mayor cambio para mí ocurrió durante un periodo en el que estuve escribiendo chistes. Yo aprendí mucho de Richard Pryor. Lo que hizo a Richard Pryor tan grande fue su apertura. Él estaba dispuesto a hablar de todo: su infancia en un burdel, la ocasión en que se prendió fuego él mismo, las discusiones en el auto y sus problemas maritales. Todo eso lo convirtió en el más efectivo.

Cuando me inicié en la comedia, era muy reservado respecto a mi persona y mis orígenes. Trataba de escribir chistes en el estilo de otros, y como resultado, no cultivé la verdad de quien quien soy como comediante en vivo. Cuando ya no tuve miedo de ser abierto respecto a mí y a mi verdad, mi vida profesional cambió. Hablar de mi verdad me permitió expandir mi material. Ya no temí hablar de mi madre, que era maestra de escuela dominical; o de mis matrimonios fallidos; o de mi infancia en Cleveland. Aquella fue la primera vez que me enfrenté cara a cara con la verdadera integridad.

A medida que cultivamos nuestra integridad, una de las primeras cosas en que debemos enfocarnos es en aprender a conducir. A veces nos enfocamos tanto en otras personas cuando las verdaderas respuestas están en nuestro interior. Tenemos que darnos tiempo para reconocer nuestras fortalezas y debilidades. Creo que lo que me hace efectivo como persona íntegra en la radio o como vocero es que la gente sabe que voy a decirles la verdad, sea cual sea. No siempre tienes que estar de acuerdo, pero te voy a decir mi verdad. Creo que la gente ha llegado a respetar eso.

Cómo hacer una autoevaluación realista

Mejorar tu constitución también implica estar dispuesto a hacer una autoevaluación realista. Cuando escribo un chiste y salgo al escenario, lo pruebo tres veces antes de decidir si lo desecho o lo conservo. Si cuento el chiste y siempre provoca mucha risa, lo califico con el número uno; si lo cuento y la gente no siempre se ríe, entonces es un chiste número dos; y si lo cuento y la gente casi nunca se ríe, entonces es un tres. Cuando empecé, necesitaba esos chistes porque necesitaba el tiempo. Te pagan quince minutos como acto de entrada, 30 minutos como acto intermedio y 45 minutos como actuación principal. Necesitaba ese tiempo para convertirme en actuación principal. Aprendí que es riesgoso salir a contar demasiados chistes del número tres. Entonces, cada vez que escribía un nuevo chiste y resultaba ser del número dos, me deshacía de un tres. La única manera en que pude hacerlo fue haciéndome una evaluación sincera. Seguí escribiendo chistes, y cuando conseguía un número uno, me deshacía de un dos. A los pocos años, logré tener sólo números uno. Entonces que empecé a desarrollarme como comediante en vivo: al crear ese sistema de autoevaluación.

Tu evaluación personal tiene que ser de una sinceridad completa y total. El único que puede hacer esa evaluación eres tú. Mientras no estés listo para tener una conversación totalmente sincera contigo, incluso una autoevaluación no te servirá de nada.

Sé que no soy bueno para las tareas mundanas. Tengo que contratar a alguien que sea bueno con los detalles cotidianos. También sé que no soy bueno con las gráficas y las tablas. Eso lo supe desde que estaba en la escuela. Si apagas las luces y pones una gráfica en la pared, me voy a quedar dormido. Entonces, contrato a alguien a quien le gusten las gráficas. No me gusta tener que repetir algo una y otra vez para que la gente lo entienda. No tengo la paciencia para ello. También tengo que vigilarme constantemente, sobre todo a mí y a mi trabajo, para asegurarme de hacerlo bien.

CÓMO LOGRAR EL EQUILIBRIO

Tu constitución principal también debe tener equilibrio. A través de todas mis experiencias, he aprendido que el orden siguiente es esencial para todas las personas de éxito:

- Dios

- La familia

- La educación

- El trabajo

Si sigues este orden de prioridades en tu vida, el éxito será tuyo en cualquier nivel que quieras. En mi vida, he descubierto que Dios tiene que ir primero. Yo solía poner el trabajo en primer lugar, la educación en segundo, la familia en tercero y Dios en último. Mientras no seguí el orden correcto, no pude resolver mi vida.

Después de poner a Dios al principio, tienes la obligación de cuidar de tu familia. No puedes tener hijos y luego no hacerte cargo de ellos. ¿Cómo esperas que el universo te cuide si tú no empiezas por cuidar a tus hijos? ¿Cómo esperas que te lleguen más bendiciones si no cuidas las bendiciones que has recibido? No importa qué relación tengas con la madre o el padre de tus hijos, tú estás obligado a cuidar esas vidas. Y también lo está tu esposo o esposa.

Cuando ya tienes a Dios y a tu familia en el orden correcto, necesitas enfocarte en la educación. Cuando me refiero a la educación, no siempre hablo de una escuela. Debes educarte constantemente en relación con tu don y tu trabajo, cualquiera que éste sea. Quizá necesites volver a estudiar para obtener un certificado en el área de tu interés. Para mí, no hubo escuela para aprender a hacer comedia. Mi educación fue ver a los grandes de la comedia para ver lo que hicieron para convertirse en grandes. Tuve que dedicar mucho tiempo a observar lo que hicieron otros comediantes antes que yo.

También tuve que dedicar mucho tiempo a aprender del negocio del espectáculo. Pero analicemos la expresión "negocio del espectáculo" palabra por palabra. Si yo di un gran espectáculo fue porque todas las personas que vinieron a verme se la pasaron muy bien. Pero el negocio del espectáculo no será negocio si yo no sé programar mis presentaciones ni cobrar adecuadamente por ellas. Podrá ser un gran espectáculo, pero si no se dan los pasos adecuados, no habrá negocio. Al contrario, puedo tener un gran talento para los negocios y lograr que me programen en todas partes, pero si no soy divertido, no volverán a invitarme.

Permanece abierto a cualquier cosa que venga

Otra parte de tu constitución que es esencial para el éxito es aprender a ser abierto. Uno no puede darse el lujo de ser tan cerrado en su manera de hacer las cosas que ni siquiera se abra a verlas para hacerlas de manera distinta.

Algunas personas creen que ya han resuelto su vida. Permítanme ser el primero en felicitarlas. Ahora que ya han resuelto su vida, déjenme preguntarles esto: ¿Qué sigue? Saber qué es lo que sigue es fundamental para el éxito. Lo que sigue es la razón para seguir despertando cada día. Lo que sigue es la fuerza que impulsa a todas las personas con éxito. Siempre tiene que haber algo que sigue.

Tal vez ya seas millonario. Insisto: felicidades por tu éxito. Pero para seguir siendo millonario tienes que ganar más millones. No puedes vender siempre el mismo libro. No puedes contar siempre el mismo chiste. No puedes cantar siempre la misma canción. Tienes que escribir un nuevo libro, contar un nuevo chiste y cantar una nueva canción.

Entonces —vuelvo a preguntarte—, ¿qué sigue? Tiene que haber una razón para que te levantes mañana. Tiene que haber una razón para seguir adelante. Tu vocación tiene que ser más fuerte que tus circunstancias actuales para ayudar a tu sueño a seguir avanzando.

¿Qué otra constitución necesitas?

El don único de cada persona dictará cómo opera él o ella en el mundo. Alguien que se especializa en trabajar con niños necesitará ser paciente y cariñoso, mientras que los corredores de bolsa necesitan ser agudos, exactos y rápidos con los pies. Si no estás seguro de cuáles de tus rasgos necesitas desarrollar, piensa en las habilidades por las cuales la gente te elogia más. ¿Eres bueno para los detalles, para conectarte con personas nuevas o para saber cómo preparar una buena reunión? Cataloga tus habilidades y haz la tarea de mejorarlas.

A continuación, realiza un inventario de las cosas que necesites mejorar, con base en lo que la gente te dice constantemente. Por ejemplo, ¿tiendes a saltarte pasos o a frustrarte con las fechas límites demasiado cortas? No justifiques tus debilidades con el argumento: "Es que así soy." Recuerda que perfeccionar tu carácter es tan importante para tu desarrollo como ejercer tu don.

Independientemente de tu autoevaluación, ¿quiénes son las personas que admiras y respetas en tu industria, iglesia o comunidad? Pregúntales sobre cómo aprendieron a mantenerse tranquilos bajo presión o sobre la constitución que usaron para convertirse en el tipo de líderes que son.

Créeme, ellos no llegaron hasta donde están de la noche a la mañana, y si son líderes buenos y auténticos, estarán más que dispuestos a compartir contigo su sabiduría y conocimiento para ayudarte a crecer y triunfar.

Sé el tipo de hombre o mujer que quieres armándote de la constitución correcta, la cual abrirá un espacio para tu don y te llevará a conseguir las mejores oportunidades para difundirlo a un público aún más amplio y un escenario más grande.

8

Cómo escalar la montaña para alcanzar tus sueños

Hay una frase en Salmos que dice: "De Yahveh penden los pasos del hombre, firmes son y su camino le complace." Mi interpretación es que el camino a mi destino es un proceso gradual. En verdad, creo que Dios nos enseña a todos cuáles son los pasos correctos para llegar al lugar preciso en el momento adecuado. Mientras descubrimos cómo maximizar nuestro don y encontrar las mejores oportunidades para usar nuestros talentos, veamos cómo convertir esos pasos en metas prácticas para nuestro futuro.

Todos soñamos con la vida que queremos. Algunas personas se lanzan en un acto de fe hacia sus sueños mientras que otros se quedan al margen, esperando que ocurra un momento mágico. ¿Qué separa a los que sueñan de los que actúan? *Las metas*. No me importa cuán vívidos sean tus sueños: sin metas, sin actuar, tus sueños siempre serán un fenómeno incierto y no la realidad de hoy. Las metas son el ingrediente clave que nos ayuda a mantenernos enfocados, consistentes y diligentes en el camino rumbo a nuestros sueños.

CÓMO ESCALAR LA MONTAÑA DEL ÉXITO

Otra manera de acercar tus sueños a tus metas es imaginar que escalas una montaña. Tu sueño es la cima. Todo buen alpinista inicia su ascenso con la mente enfocada en la cima. Cada paso adelante, cada tirón de la cuerda, incluso cada pausa para recobrar energía los realiza enfocándose en su meta. Cuando llega a la cima, se da un momento para descansar, recuperarse, vigorizarse y regodearse en su victoria. Pero cada montañista auténtico sabe que éste es sólo un tramo más de su gran viaje. Alcanzar una cima nunca puede bastar para un auténtico alpinista –cada vez que puja más fuerte con los pulmones, que escala más alto y que trepa por rocas cada vez más peligrosas, sabe que eso es sólo una preparación para su siguiente ascenso.

En cualquier lugar que estés de la montaña (la cima, las faldas, la mitad, el descanso, la estación de primeros auxilios, o incluso, listo para clavar la bandera en la cima), créeme, ya he estado en todos ellos durante mi vida, no olvides que siempre debes avanzar más. He estado en la estación de rescate, la de primeros auxilios. He llegado a la mitad y caído hasta el fondo. He quedado atrapado en una cueva. He caído entre las grietas y fisuras de la montaña. He estado atrapado en la montaña. He quedado cubierto por avalanchas. Cualquier cosa que se te ocurra, en esta montaña, ya la he vivido. Incluso me dijeron que ni siquiera me molestara en escalar porque, según ellos, no tenía lo necesario para hacerlo.

Quiero que empieces a pensar en tus metas como en tu ascenso personal a la cima de la montaña de tus sueños. No esperes despertar mañana y ver que ya eres millonario, ni que tu producto se convierta en sensación mundial de un momento a otro, ni obtener el puesto que tanto has anhelado. ¿Qué metas estás dispuesto a fijarte para hacer que tus sueños se vuelvan realidad?

Yo sé que las metas pueden volverse agobiantes si quieres alcanzarlas de un tirón; por eso, piensa en cómo puedes dividir tu ascenso en tramos más pequeños. Tú te conoces mejor que nadie, así que sé sincero respecto a lo que te mantiene motivado e inspirado. ¿Necesitas hacer este viaje con alguien más para garantizar que cumplirás tu palabra? ¿Será mejor ir solo para mantenerte enfocado? ¿Qué tipo de señal necesitas para no perderte en el camino? ¿Hay mejores momentos que otros para recorrer ciertas partes de tu viaje? Estas son buenas preguntas para considerar mientras avanzas hacia tu sueño.

Las metas son esenciales porque te proporcionan objetivos medibles y específicos. Son puntos de referencia necesarios que te dan la energía, confianza y seguridad para seguir avanzando en la dirección correcta rumbo a tu sueño. También pueden funcionar muy bien como un mapa para llegar hasta tus sueños.

Alcancemos cada meta

Si la primera etapa de tu viaje para convertirte en dueño de un pequeño negocio es hacer una investigación con el dueño de una tienda a quien admiras, entonces, toma el teléfono, marca el número y sostén esa conversación. Una meta *no* consiste en decir: "Bueno, he estado hablando con el señor Smith sobre la tienda que quiero abrir", y luego dejar que esa afirmación se pierda en el vacío al no seguirla con alguna acción.

También tienes que fijar tus metas de manera que aseguren tu éxito. Sé que sientes emoción por tener este libro en tus manos y en verdad puedes imaginarte abriendo esa librería y café con los que siempre has soñado. Pero no te precipites a solicitar un crédito para pequeñas empresas ni en buscar inversionistas angelicales si no has redactado un plan de negocios sólido. Definitivamente, yo quiero que te fijes metas grandes, pero no las pongas tan fuera de tu zona de confort que te predispongas a fracasar. Si en verdad no sabes dónde empezar, comienza por establecer un horario regular para enfocarte en tu sueño. Si tienes una hora para ti después de haber dejado a tus hijos en la escuela de futbol, siéntate en tu sitio favorito y dedica esa hora a tu meta. Si hay alguien en tu iglesia o comunidad con quien puedas conversar al respecto, deja que te ayude a trazar el proceso que te llevará hasta tu meta.

Tus metas también deben estar adaptadas a tu don, tus habilidades y tu estilo de vida. Yo no espero que una mujer de 40 años, casada y con tres hijos trabaje al mismo paso que un muchacho soltero de 25. La mujer tiene una serie de responsabilidades completamente distintas que tal vez exijan tener a más miembros en su equipo para ayudarle a alcanzar sus metas. Del mismo modo, el muchacho podría necesitar la ayuda de más consejeros y visionarios para compensar su falta de experiencia. Crea metas para *ti*. No desperdicies tu energía pensando en cómo otra persona hizo lo que tú quieres o lo rápido que convirtió su meta en realidad. Acepta *tu* viaje y el camino que Dios tiene para *ti*.

¿QUÉ TAN INTELIGENTES SON TUS METAS?

Uno de los métodos más populares para crear metas es el método SMART: son las siglas en inglés para *Specific*, *Measurable*, *Attainable*, *Relevant* y *Time-Sensitive* (específicas, medibles, alcanzables, relevantes e imperiosas). Aquí hay algunos pasos clave para tener presentes mientras pones en práctica el método SMART para alcanzar tus metas:

- HAZ QUE TUS METAS SEAN ESPECÍFICAS. Tus metas no son sólo ideas caprichosas que flotan en tu cabeza. Deben estar bien definidas y ser sumamente claras. Crea tus metas siempre con miras a tu máxima cima (tu sueño).

- DEFINE TUS CRITERIOS. Ahora que has dejado salir la meta de tu cabeza y la has llevado más cerca de la realidad, ¿cómo vas a medir tu éxito? ¿Consiguiendo nuevas certificaciones en los próximos seis meses? ¿Incrementando 25 por ciento la clientela de tu negocio de medio tiempo para convertirlo en tu ingreso principal en el transcurso de los dos próximos años? Pon medidas a las fechas, tiempos y cantidades reales para que puedas cuantificar tus metas. Si eres una persona que necesita de cierta presión para seguir adelante, pídele a alguna persona afín que te recuerde tu responsabilidad con tus propios criterios.

• BUSCA LO ALCANZABLE... Y LUEGO UN POCO MÁS. Cuando emprendas tu viaje rumbo al éxito, tus metas deben ser alcanzables e impulsarte a salir de tu zona de confort. Por ejemplo, si estás en el proceso de convencer a los inversionistas de llevar a tu negocio al siguiente nivel, pide una cita con ese "pez gordo" que nunca creerías que se interesara en tu plan de negocios. Quizá él o ella te sorprendería al aportar una inversión que te quitaría el aliento y tú mismo te sorprenderías al descubrir lo bueno que puedes ser para buscar tu sueño.

• SÉ REALISTA Y RELEVANTE. No hay nada peor que una meta que te tiene caminando en círculos. Haz que tus metas parciales sean relevantes para tu meta final. Si te comprometes a difundir tu idea en las redes sociales, no pierdas el tiempo publicando trivialidades en Facebook. Establece bien tus prioridades y permanece enfocado en las metas que te harán seguir adelante.

- ADAPTA TU TIEMPO. Tus metas deben tener una fecha límite. Cuando me inicié como comediante, tenía determinadas metas anuales en relación con el dinero que quería ganar en esta industria. No es que sólo me enfocara en la cantidad de dólares, pero tener puntos de referencia temporales me ayudó a crear mejores escenarios de comedia, conectarme con más personas del medio y forjar un camino sólido para mi futuro.

FIJA TUS METAS PARA EL SIGUIENTE NIVEL

Cuando ya empezaste a lograr tus metas por medio del método SMART, ¿qué es lo que sigue? A continuación, te presentaré el proceso SETUP: fijar tus metas en forma realista. Este proceso consiste sencillamente en hacerte las siguientes preguntas a medida que alcanzas tus metas:

1. ¿Cuál será mi siguiente meta?

2. ¿Cuáles serán mi propósito y mi calendario para la siguiente meta?

3. ¿Cómo me preparará esta meta para mi siguiente desafío?

4. Si la meta A no funciona, ¿cómo puedo mejorar mi posición para alcanzar la meta B o la C?

5. ¿Con quién puedo asociarme para que el siguiente paso ocurra con una mejor calidad o un ritmo más rápido?

CÓMO CREAR TU ESCALERA DEL ÉXITO

Como lo mencioné al principio de este capítulo, tus metas deben ser un proceso gradual y adecuado para ti. No esperes usar mi escalera para llegar a tu destino, y yo no espero usar el tuyo. La clave es tener un número alcanzable de peldaños y el nivel de dificultad correcto para mantenerte motivado y en avance.

1. ¡ANOTA TUS SUEÑOS! Si no has anotado tus sueños, quizá ni siquiera existan. Ya sea que uses una alta, baja o nula tecnología, haz que tus sueños te acompañen de manera que funcionen para ti y para tu estilo de vida.

2. CREA UNA LISTA DE OBJETIVOS DEBAJO DE CADA SUEÑO. Tu sueño cobrará vida de inmediato cuando especifiques las metas que necesitas para hacer que

tus sueños se vuelvan realidad. Una de mis metas es que *The Steve Harvey Show* gane un *rating* del 3.5. Para quienes no conozcan la industria de la televisión, ganar un rating de 3.5 significa tener un promedio de 3.5 millones de espectadores por programa. Yo mandé coser el número 3.5 en la bastilla de cientos de pantalones, de modo que cada vez que me los pongo, me estoy poniendo la fe y la creencia en que mi programa será un 3.5. Cuando alcance esa meta, mi potencial lucrativo pasará a otro nivel. Aquí tienes una serie de metas que estoy desarrollando para mi equipo y para mí:

SUEÑO: Alcanzar un rating de 3.5 para la temporada 2014-2015.

METAS:
• Programar dos retiros de trabajo con el equipo de producción durante el verano de 2014 para añadir tres nuevos segmentos al programa.
• Añadir segmento semanal con Lisa Nichols para el nuevo segmento, "Motivational Monday".
• Crear un plan más sólido de redes sociales para expandir el alcance del programa en Facebook, Twitter e Instagram.

3. CREA UN CALENDARIO CON MIRAS A LA CIMA DE TUS SUEÑOS. Imagina dónde quieres estar en

el transcurso de los cinco años siguientes y empieza a crear tus metas desde la perspectiva de haber alcanzado ese sueño. Por ejemplo, supongamos que quieres escribir tu primer libro en el transcurso de los próximos tres años. Planea el desarrollo de ese libro en un periodo de tres años, de modo que puedas rastrear tu avance.

4. SÉ INTELIGENTE Y FIJA TUS METAS CON PODER. El método y el proceso SMART, es una herramienta poderosa para hacer que tus metas se vuelvan prácticas y alcanzables. Sigue los pasos que establecimos en la sección anterior para asegurarte de crear metas que puedas lograr y de las cuales te puedas enorgullecer.

5. ASIGNA PRIORIDADES A TUS METAS. Quiero que te emociones por tus metas. Pero no quiero que, en el camino, descuides a tu familia, tu salud y tu bienestar. Trabajar con miras a tu sueño no significa enfocarte tanto que pierdas de vista tus prioridades. Crea tus metas de tal manera que aún puedas ser un excelente padre, un gran cónyuge, incluso, un empleado dedicado mientras planeas tu estrategia de salida. No hay problema si tu jerarquización implica que des pasos más pequeños para lograr un equilibrio en tu vida. Si este año todo lo que puedes hacer por tu sueño es ahorrar 500 dólares,

estarás 500 dólares más cerca de poner tu don en el vehículo correcto.

6. CELEBRA TU AVANCE. En cada meta que logres a lo largo el camino, celebra tu viaje. A menudo nos obsesionamos tanto por alcanzar la cima que olvidamos detenernos mientras hacemos el viaje y no reconocemos nuestros logros. Tú tienes que ser tu porrista principal en el camino al éxito. Si te gusta llevar un diario, crea un *Diario de metas* para registrar tu avance. Créalo como tu espacio personal para expresar tus pensamientos, sentimientos, frustraciones y triunfos. Si necesitas procesar tu viaje con otra u otras personas, fija celebraciones de evaluación regulares con los miembros de tu equipo para que ellos también puedan sentirse orgullosos de los logros. Celebrar tus metas tiene que ver tanto con honrar tu trabajo como con tener una fuente de motivación para seguir avanzando.

El peldaño final de tu escalera del éxito podría ser la conducción de tu propio *podcast* motivacional o establecer clases de educación física para ayudar a las personas mayores de tu edificio a conservar la salud. Cualquiera que sea tu sueño, no dejes que sólo revolotee en tu cabeza como cualquier pensamiento idealista. Fija metas para el sueño que hará que tu don cobre vida. Como dice el dicho: "Las metas son sueños con los pies en la Tierra." Usa los pasos aprendidos en este capítulo para hacer que aterricen un poco tus sueños más fantásticos.

Acciones para el éxito

¿Qué sueño te comprometes a cumplir este año?

Crea metas para tus sueños según el método SMART:

Específicas: _____

_____

_____

Medibles: _____

_____

_____

Realistas: _____

_____

_____

Imperiosas: _____

_____

_____

9

Tienes que verlo para creerlo

Nada me decepciona más que oír a personas llenas de grandes sueños pero sin metas ni visión para hacerlos realidad. Tener visión se reduce a una sola cosa: ¿sabes a dónde quieres ir? Tienes que tener claridad en tu visión porque eso impulsará el resto de las cosas que hagas.

A mí me encanta esta cita de Einstein: "La imaginación lo es todo. Es el avance de los próximos estrenos de la vida." Tu imaginación lo *es* todo. Si te enfocas en el lugar donde estás ahora, entonces tu *ahora* se convierte en tu *siempre*. Mientras no cambies tu punto de enfoque y eches a volar tu imaginación, lo que te *definirá* es tu situación presente. Si tu imaginación lo es todo, tienes que empezar por cambiar la manera en que ves el porvenir.

CÓMO CREAR UNA VISIÓN DE PRIMERA CLASE

No importa cuánto logremos, tenemos que seguir impulsando nuestra imaginación. En 2001, una de las cosas que yo quería era tener mi propio avión. Tyler Perry tenía justo el avión que yo quería, de modo que lo contacté para que me mostrara los planos interiores. De inmediato le mostré la imagen a uno de mis colegas. "Nunca volveré a viajar en un avión comercial dentro del país", dije yo.

Quizá tu visión no sea la de tener un avión privado, pero ¿por qué no crear una visión en la que viajes en primera clase? Sal de tu zona de confort y regálate un boleto de primera clase para tu próximo viaje de negocios o de placer. Cuando experimentes la primera clase, sigue trabajando para hacer de ella tu realidad cotidiana. Si tú mismo no te consideras merecedor de algo mejor, ¿por qué habrían de hacerlo los demás?

Pero no te detengas demasiado en la analogía de la aerolínea. Si para ti no es importante viajar en avión privado o en primera clase, no hay problema. Quizá interpretes de otra manera lo que significa la primera clase. Tal vez para ti signifique obtener los recursos para irte de vacaciones una vez al año, sobre todo si no has salido de vacaciones hace tiempo. ¿Pero qué tal sería darles a tus hijos una educación de primera clase? ¿Qué tal si crearas un negocio de primera clase? ¿Tener un matrimonio de primera clase? ¿Una apariencia de primera clase? No podrás acceder a una vida de primera clase si tu imaginación sólo te permite visualizar autobuses de segunda.

Visualización de primera clase

Si para ti es importante ser de primera clase en algunas áreas, ¿por qué no hacer que importe en todas las áreas? Aunque volar en primera clase tal vez no sea importante para ti ahora, un día lo será. Cuando hagas suficientes cosas de primera clase, la segunda clase no volverá a encajar con tu imagen. Cuando pruebes la primera clase suficientes veces, la segunda ya no te dejará satisfecho.

Ya no me voy a sentar hasta el fondo, donde sólo te dan medio vaso de Coca-Cola y un paquete de cacahuates. No quiero comprar los emparedados. Quiero estar donde te dan tres o cuatro emparedados. Dick Gregory me enseñó eso. Él me dijo: "Steve, observa la primera clase. Eso condicionará tu mente para no conformarte con nada menos que eso."

La primera clase condiciona tu mente. Mímate de vez en cuando. Tómate unas buenas vacaciones. No vayas a tu reunión familiar cada año. Conduce hasta el Mississippi para sentarte bajo un árbol. Dick me dijo: "A veces tienes que llevar a tu familia a algún lugar muy bonito y ver lo que pasa después. Empezarás a soñar con esos momentos tan agradables todo el tiempo, y tus hijos también lo harán."

Deja que tu imaginación domine a tu lógica

Cuando los niños echan a volar su imaginación, se les ocurren ideas que no son de este mundo. Ellos no piensan en lo lógico, práctico o incluso realizable. Sólo dejan que florezca su imaginación. Regresa a ese espacio en el que eres como un niño y deja que tu corazón y tus deseos guíen tu visión. Ya después habrá tiempo y espacio para la lógica. Por ahora, deja que tu imaginación te lleve a esa visión de primera clase, que a su vez te llevará más allá de donde estás ahora.

Tu visión importará sólo cuando esté conectada con tu don. Si tu visión está desconectada de tu propósito, trabajarás en contra del panorama general de tu vida. Yo soy esposo y padre. Esas prioridades son mayores que cualquier otra cosa que haga. No puedo crear una visión que se interponga en el camino de mis responsabilidades como esposo y padre, y luego creer que eso me conducirá a mi mejor futuro. Asegúrate de tener bien claro cuál es tu don antes de crear una visión, pues no querrás volar en primera clase a la ciudad equivocada.

Convéncete de que puedes conseguirlo

Dios te otorgó un don y puso en ti una visión para tu don que no perjudica a otros, pues quiere que tengas lo que desea tu corazón. *No* limites tu visión por no creer que estás en el lugar correcto o que conoces a las personas correctas.

Lo mejor de formarte tu propia visión es que es tan expansiva como tu imaginación. Tú mereces un futuro de primera clase, y tu visión debe reflejar esta creencia. Aunque tengas un pasado lleno de fracasos, ahora puedes crear una nueva visión. Suelta el pasado y piensa en el futuro. Deja atrás una historia llena de errores y sueña con un mañana lleno de maravillas y triunfos.

Acciones para el éxito:

Anota tu visión. Hazla sencilla y directa
La expresión escrita de la visión que tienes para tu vida es una manifestación textual del estilo de vida que alcanzarás. Al anotar tu visión, ésta cobra impulso.

_____

_____

_____

_____

_____

_____

_____

_____

TU MURAL TE HARÁ MEJOR

Yo llevé la anotación de mis sueños un paso más allá usando un mural de visualización. No sólo quise leer sobre mi visión: quise ver mi visión. Cuando empecé a hacer mi mural de visualización, la mayoría de la gente que me rodeaba no entendía. Algunas personas me dijeron: "Steve, tú tienes mucho dinero; ¿para qué quieres un mural de visualización?" Pero te diré algo: no me duermo en mis laureles. Quiero pasar toda mi vida creciendo y aprendiendo. Quizá les ocurra lo mismo a todas las personas exitosas que conozco. Su vida no gira en torno a tener más; gira en torno a hacer más. Yo tengo un mural de visualización para ofrecerle a mi vida una dirección continua. Aún hay cosas que quiero lograr. Mi pasado me ha enseñado que la mejor manera en que puedo alcanzar mis metas es ponerlas frente a mí, donde pueda verlas en todo momento.

Dondequiera que esté –ya sea sentado frente a mi computadora en Atlanta o Chicago, o revisando mi iPhone–, lo primero que aparece en las pantallas es mi mural de visualización. No importa dónde esté, quiero que todas mis visiones estén en el primer plano de mi mente y en mi espíritu.

No sólo tengo mi mural a la vista dondequiera que mire; cada visión que tengo se conecta directamente con hacer avanzar las áreas de mi vida que más me importan, y he encontrado maneras de hacer que esas visiones vivan más allá de la pantalla. Algunas de las imágenes actuales de mi mural incluyen lo siguiente:

- ALCANZAR UN RATING DE 3.5 PARA *THE STEVE HARVEY SHOW*. Actualmente, estoy en 1.9; Dr. Phil está en 3.4; y Ellen DeGeneres está en 2.9. He estado en casa de los dos y puedo decirte que estoy listo para un estilo de vida del 3.5.

- HACER UNA DIFERENCIA EN ÁFRICA. Junto a mi "3.5", tengo un mapa de África. Mi meta es ganar millones de dólares para ayudar a millones de personas en ese continente. Aún no tengo una visión clara de tal cosa, pero eso es lo hermoso del mural de visualización. Estoy abierto a esta visión y hoy le hablo a la gente sobre África de maneras que nunca antes había probado. Estoy seguro de que, si mantengo esta visión frente a mí, se me presentará la oportunidad correcta en el momento correcto.

- OTORGAR BECAS PARA ESTUDIANTES. Junto a mi mapa de África, tengo la fotografía de unos estudiantes universitarios, que representan a los 10,000 chicos que recibirán las becas universitarias completas que otorgaremos mi esposa y yo. Planeo donar diez millones de dólares de mi propio dinero a mi fundación. Ya estoy cerca de lograr esta meta, y entre más me enfoco en ella, más socios me envía Dios para convertir esto en una realidad.

También tengo algunas fotografías con mi esposa, mi familia, así como algunas metas financieras importantes, pero esas son personales. Es importante que mantengas algunas de tus visiones protegidas y en privado, sólo accesibles a tus personas más allegadas.

No sé cómo voy a enviar a 10,000 chicos a la universidad ni cómo marcaré una diferencia en África ni cómo *The Steve Harvey Show* alcanzará el 3.5. Todo lo que tengo que hacer es tener a la vista mi mural de visualización y pedir, creer, trabajar y estar listo para recibir. Mi mural de visualización me ayuda a echar a volar mi imaginación, a quitar de mi camino todos los límites y a conectarme con mi don y mi propósito para estar aquí en la Tierra.

Al usar mi mural de visualización, he animado a otras personas que me rodean a alcanzar sus propias cimas de éxito. ¿Qué vas a poner en tu mural? Aquí tengo algunos consejos prácticos para que empieces.

Identifica qué quieres lograr

Ahora que tienes bien claros tu visión y tu punto de enfoque, anota de cinco a siete situaciones que representen diferentes áreas de tu vida. Asegúrate de que tus metas no se enfoquen sólo en tu profesión y tus ingresos. Tu visión completa debe reflejar todas las áreas que son importantes en tu vida, incluidos la familia, los amigos y las relaciones; tu salud espiritual, mental y física; servir a los demás; también esas vacaciones y los objetos materiales que deseas.

Es importante que tengas de cinco a siete visiones que reflejen algunas de estas áreas. Esto evitará que te enfoques por completo en una sola área de tu vida e ignores las demás. Cuando mires tu mural completo, deberá ser un reflejo de la totalidad de ti.

Diseña tu mural

1. Coloca las fotografías y otras imágenes en tu mural de tal modo que te hablen y te hagan querer mirarlo a diario. Puedes hacerlo tan austero o tan elaborado como quieras. La clave es asegurarte de que te motive y te inspire para alcanzar tus sueños. Yo sólo tengo algunas fotos y unas cuantas palabras que tienen un gran significado para mí. Conozco a otras personas cuyos murales parecen obras maestras de bisutería. ¡El caso es que te funcione!

   ¿Quieres que tu mural sea físico o virtual? Esto depende totalmente de tu estilo de vida. Si eres como la mayoría de las personas, tu teléfono es una cuerda salvavidas. Si es así, puedes tener un mural digital. Eso no implica que no lo puedas imprimir para ponerlo en tu recámara, oficina o auto. Lo hermoso de tener un mural digital es que puedes tener ambas cosas. Si eliges hacerlo a la antigua, tan sólo imprime las fotografías y pégalas en una hoja de papel. El resultado será el mismo.

2. Pega tus fotos o video en el mural. Si la imagen representa tu destino, funcionará. No seas abstracto. Cuando lo mires, deberá ser una representación clara de lo que quieres y del lugar donde quieres terminar.

3. Coloca el mural en la mayor cantidad de lugares posible. Esto es importante. Conozco a personas que han creado murales de visualización muy hermosos, pero nunca los miran. El caso es que sean un recordatorio de aquello por lo que vives y trabajas. No dejes que tu mural se empolve en cualquier lugar o que se convierta en un simple protector de pantalla. Asegúrate de ponerlo donde puedas verlo y tenerlo en el primer plano de tu mente. Todo el sentido de tener un mural de visualización es crearte una vida digna de vivirse.

En verdad creo que tu mural de visualización te ayudará a tener una vida mejor. Quizá algunas visiones tarden más en realizarse que otras, pero si te mantienes enfocado y trabajas duro, todo aquello en lo que crees se logrará. Yo lo he vivido. Habrá algunas cosas que sabrás conseguir solo y otras que tendrás que dejar en manos de Dios. Los creyentes suelen decir: "Reconócelo en todos tus caminos y Él dirigirá tu rumbo." Cuando te enfocas en tu visión y te conectas con tu don, estás en tu camino al éxito.

10

El hombre con la cuerda

Tuve una breve amistad con el gran Butch Lewis (Q.E.P.D.), que era promotor de boxeo. No pasamos juntos mucho tiempo; la mayoría de nuestras conversaciones fueron por teléfono. Pero él llegó a mí en un punto muy, muy bajo de mi vida. Fue en 2005 y yo estaba tratando de resolver mi vida. Durante una de nuestras conversaciones me contó una analogía que ha perdurado en mi memoria.

Yo llamo a esta analogía "El hombre con la cuerda". Para quienes de verdad nos esforzamos por alcanzar el éxito, nuestro viaje puede compararse con la tarea de jalar una carreta por una colina empinada. Los que están dispuestos a subir suelen ser líderes empresariales, dueños de negocios, jefes de familia, presidentes de fundaciones, líderes infantiles o pastores religiosos. Es una carreta de madera, como las de las películas de vaqueros. Nuestra responsabilidad es subirla por la colina.

La carreta no tiene ruedas de hule. No tiene motor. No tiene rayos de alambre. Es sólo una vieja carreta que tratas de subir por una colina. Tampoco cuentas con un caballo. Ni con una mula. Sólo tiene una gruesa cuerda de yute. Es como las que se usan en las clases de gimnasia pero del doble de tamaño. La cuerda es muy gruesa y áspera; corta las manos que tiran de ella: las tuyas. Sí, tú estás subiendo esa carreta por la pendiente. Tus pantalones están desgastados, rasgados y sucios. No llevas zapatos ni tienes tracción alguna que mantenga tu paso constante. Estás sudando. La cuerda está sobre tu hombro y te corta la piel. No es fácil.

Lo que más dificulta tu viaje es el peso añadido de las personas que van en tu carreta. Tú las estás llevando. Las únicas personas que pueden entrar en ella son las que tú admites a bordo. Si eres listo, las elegirás con base en quién te puede ayudar a llevar la pesada carreta hasta la punta de la colina. Pero de momento sólo tú debes jalar la carreta. Eres tú quien quiere tener éxito. Tú eres el que tiene el don y la visión. ¿A quiénes llevas en tu carreta?

Esas personas pueden ayudarte a subir, pero no pueden tirar de la cuerda por ti. Lo que necesitas es a personas que saquen una pierna por los costados, que empujen con el pie y traten de ayudarte a subir la carreta por la colina. No son lo suficientemente fuertes para tener su propia carreta, pero son lo bastante buenos como para que los dejes ayudarte a mover el vehículo.

En la carreta también llevas a personas cuya tarea es cocinar y llevarte comida. En el camino, si eres hombre, querrás encontrar a una mujer que baje de la carreta para que te seque la frente e impida que el sudor se te meta en los ojos. Ella deberá estar dispuesta incluso a hacer a un lado las piedras que haya en el camino. También te dará ánimos.

En la noche, puedes sentarte y descansar tus pies contra una roca, pero nunca soltar la cuerda. Tienes que amarrártela a la cintura cuando te acuestes a descansar. Todos los demás aún están en la carreta. Aunque ya estés dormido, la carreta te pesa. A tu esposa se le permite acostarse contigo para darte la fuerza y el alimento necesarios para que seas capaz de continuar con tu viaje al día siguiente. Pero ella no puede tirar de la cuerda. Te puede inspirar, pero no jalar la cuerda. Puede susurrarte al oído palabras de aliento, pero no ocupar tu lugar. Esa cuerda es tuya y sólo tuya.

Las personas que van en tu carreta deben desempeñar varios papeles que contribuyan con tu éxito. Si no es así, ¿qué caso tiene llevarlos cargando? Debe haber una persona que cuente tu dinero. El problema con subir a todos por la colina es que algunos no contribuyen. Cuando ven que tú no los miras, suben el pie y sólo se dejan llevar. Algunas personas se han vuelto tan diestras para eso que han hallado la manera de subirse en el centro de la carreta y no hacer nada más que pasear sentados.

He visto cómo a muchas personas con éxito se les llenan los ojos de lágrimas cuando les cuento esta historia. Eso les recuerda el peso muerto que han estado cargando, las personas que sólo van a pasear, y los amigos que se han aprovechado de su generosidad. Y, en el peor escenario, el cónyuge o representante que ha huido con su dinero.

¿Quién va en tu carreta?

Joel Osteen me dijo: "Dios ya ha reclutado a todas las personas que hallarás en tu camino para alcanzar tus sueños y visiones. Todo lo que tienes que hacer es librarte de las personas equivocadas."

¿A quién llevas en tu carreta que no te ayuda a subir por la colina? Necesitas a personas que puedan dar un impulso a tu visión. Cuando jalas una carreta para subirla por una colina, todas las personas que llevas ahí deben desempeñar un papel valioso o significativo. Si tengo una vieja carreta y una cuerda, quisiera contar con alguien que al menos de noche baje y le ponga a la cuerda un poco de suavizante de telas para facilitarme el trabajo. Quizá alguien que tenga una lata de aceite puede lubricar las ruedas. Alguien que sepa reparar la carreta en caso de que se afloje un remache. Necesitas personas que puedan ayudarte en tu viaje.

Enrola a personas que sirvan como modelos a seguir

Cuando empieces a seleccionar a personas modelo para subir en tu carreta, ten claro que modelarán su don para ti. He visto elecciones terribles cuando las personas seleccionan a personas modelo para desempeñar la función equivocada.

Quizá selecciones a un hombre que es un empresario brillante pero un esposo terrible. Ahora bien, si él es un empresario modelo, vas por buen camino. Te recomiendo identificar a las personas modelo que te proporcionen guía y sabiduría para tu don, carrera, finanzas y salud.

Cuando elijas a alguien como modelo, debe tener un historial de éxito. Además, el modelo debe mostrarse comprometido a dirigir a otros. El hecho de que domines un área no significa que poseas una energía que deba ser imitada. Tal vez contactes a un funcionario al que han reelecto constantemente, que ha recaudado mucho dinero y que en realidad ha hecho bastantes cosas. Pero si no tiene integridad, ¿para qué imitar sus acciones? Tu constitución debe guiar tu selección de modelos a seguir, tal como debe hacerlo con tu don y tus metas.

CÓMO DESHACERTE DEL PESO MUERTO

A continuación, hablaremos de los tipos de personas que no te conviene tener en tu carreta porque son peso muerto.

No puedes compartir tu sueño y visión con todo el mundo. Si le cuentas tus sueños a una persona, y lo primero que hace es decirte por qué tu visión no funcionará, debes desvincularte de ella inmediatamente. Estas personas no tienen visión. No son lo bastante perceptivas como para pensar que, aunque eso quizá no les funcione a ellas, sí te funciona a ti. No necesitas saber *por qué algo no funcionará*; lo que necesitas saber es *por qué funcionará*.

Deja ir a las personas que sólo están ahí buscando su beneficio personal. Antes de formar vínculos con alguien, me hago algunas preguntas: ¿Si contrato a esta persona se va a fortalecer mi empresa? ¿Mi asociación con esta persona me hace ser mejor? ¿Esta persona tiene información que me falta? ¿Este individuo tiene el potencial para aportar ingresos? Si no me hace mejor ni más fuerte, si no añade nada de valor, ¿por qué hablo con él? Es un hecho que vas a tener empleados con motivos egoístas. Los líderes efectivos saben que la mejor manera de convertirse en un gran líder es convertirse en un servidor aún mejor. Algunas personas no están dispuestas a hacerte un servicio, pero llegan para ver qué pueden obtener de ti. Para ellas, sus propias necesidades tienen más prioridad que tu visión para el futuro. Esas personas son peligrosas. Pueden hacerte sentir agotado y sin energía.

Evita a quienes siempre tienen un mal día. Según ellos, nada obra a su favor, nunca. Viven en una campaña de autocompasión crónica que lanzan constantemente y con gran intensidad. Este tipo de negatividad agota el entusiasmo. Tú no necesitas oír "¡Pobre de mí!" a diario.

Otro tipo de personalidad del que te recomiendo guardar distancia es de quienes siempre quieren tener la razón. Hacen esfuerzos tremendos por tener la razón, pero no siempre están en lo correcto. ¿Quién tiene tiempo para discutir con este tipo de personas? No importa a dónde vayas, esta personalidad no será capaz de acompañarte hasta allá.

También debes cuidarte de los desidiosos, pues estas personas harán que te estanques. La acción es la clave para avanzar. La acción elimina el aburrimiento. Los desidiosos siempre esperan, y a menudo crean más excusas para seguir esperando: aún no es momento; esperaré a que salga el sol; me desperté tarde; llamé pero no me contestaron; no respondieron a mi correo electrónico. Los desidiosos no van a ninguna parte. No dejes que bloqueen tu camino al éxito.

Debes vivir rodeado de personas con mentalidad afín, vocación de servicio y actitud agradecida, que traten de lograr cosas y que en verdad aporten algo.

Acciones para el éxito

¿Quién debe irse...y cómo se irá?

Nombra a las personas de tu círculo actual que tengan que irse –por completo– y no sólo pasar a la periferia de tu vida. ¿Cómo harás la transición con cada una de ellas?

_____

_____

_____

_____

_____

_____

_____

_____

11

No existen los seres humanos que se forjan solos

Seré sincero: hasta hace poco en verdad creía que podía resolver mi vida solo. Mis padres eran muy fuertes y me enseñaron que el mundo no me debe nada. Me dijeron que, si yo quería algo, necesitaba prepararme, decir una oración y ponerme a trabajar. Yo seguí su consejo al pie de la letra, y entonces mi vida se volvió un auténtico reflejo de la filosofía de trabajar duro y nunca pedirle nada a nadie. Durante la mayor parte de mi vida, esta estrategia funcionó.

Pero en la realidad, esta situación no me llevó a tener éxito. Trabajaba lo doble y ganaba la mitad. No fue sino hasta que me volví un poco más humilde y empecé a escuchar a personas con éxito y a ver cómo interactuaban entre sí, que comprendí que las reglas del juego son muy distintas.

Empecé a reconocer y conocer a personas que querían ayudarme, que querían hacer negocios conmigo y que de verdad querían que me fuera bien.

No quiero que te niegues nada sólo porque tu orgullo o terquedad no te dejen ver que Dios suele usar a otras personas para ayudarte a alcanzar tu destino. Estas personas son como cofres llenos de tesoros que esperan los momentos estratégicos de tu viaje para darte lo que necesitas. Pedir lo que quieres es la única llave que necesitas para abrir el cofre y disfrutar el tesoro.

Todo lo que hacemos en la vida y que es digno de notarse requiere que nuestros dones estén más allá de nosotros. La manera en que aprovechemos nuestras relaciones será la clave para hacerla en grande.

A medida que cambias de vehículo durante tu trayecto, tienes que conectarte con otros porque no existen hombres o mujeres que se forjen solos. Nadie construye algo muy grande solo. No hay nada malo en asociarse con alguien. Muchas veces las personas se pierden de oportunidades porque intentan quedarse con todo sólo para ellas. Trata de verlo de esta manera: puedes quedarte con un pastelillo entero o puedes quedarte con medio pastel. Al final, si te quedas con el medio pastel, tendrás mucho más que si te quedas con el pastelillo entero.

También debes tener los ojos abiertos a las personas con mentalidad afín, las que están en la misma onda que tú. Asociarte te permite estar con otra persona para intercambiar ideas y ayudarte a ver las cosas desde un ángulo que ni siquiera habías considerado. Aunque ya hayas encontrado a un socio, eso no significa que vaya a serlo de por vida. No todas las personas que inician el viaje contigo pueden ir a donde vas. Cuando yo empecé, tuve muchos socios, pero pronto aprendí que no cualquiera era capaz de acompañarme al siguiente nivel.

CONÉCTATE CON OTROS SOÑADORES

Tengo la fortuna de que Dios ha puesto a otros soñadores en mi camino para darme ánimos cuando yo no he podido dármelos. Descubrí la necesidad de conectarme con otros soñadores al final de mi penúltimo año en la Universidad Estatal de Kent.

Arsenio Hall y yo fuimos contemporáneos en esa universidad; recuerdo cuando todos discutíamos a donde iríamos en el verano. La mayoría de nosotros trabajaría durante el verano, pero Arsenio dijo: "Yo me voy a Hollywood." Nos reímos de él porque no le encontramos sentido a lo que dijo. Incluso, le respondí: "¿Qué vas a hacer en Hollywood?" Él ni siquiera se inmutó, y dijo: "Voy a ser famoso." Lo vi tomar algunas clases de teatro, pero no creí que hablara en serio. Pero así fue: Arsenio se fue a Hollywood ese verano, y yo acabé por dejar la escuela.

Después de aquel verano, me olvidé de mis sueños y empecé a enfocarme en pagar la renta. Ganaba trece dólares por hora en un empleo que odiaba, donde trabajaba todos los días, de la medianoche a las 8 de la mañana, y que me hacía llegar mugroso y agotado a casa. Todos mis amigos se habían titulado y habían comenzado su vida, mientras yo iba de fábrica en fábrica, con empleos que rara vez conservaba por causa de los recortes de personal. Me di cuenta de que yo no vivía; sólo sobrevivía.

Una noche, pocos años después, estaba sentado a la orilla de la cama, viendo la televisión mientras me preparaba para ir a trabajar, cuando oí: "Ahora les presentamos, desde Cleveland, Ohio... Arsenio Hall." Miré más de cerca el televisor y, claro que sí, era el mismísimo Arsenio en *Don Kirshner's Rock Concert*. Arsenio lo había logrado. Ahí estaba él, contando chistes y convirtiéndose en comediante, tal como dijo que lo haría. Había llegado a Hollywood e iba por buen camino. Yo quedé anonadado y sólo dije: "¡Wow!" Empecé a llamar a mis amigos para despertarlos y decirles que encendieran el televisor.

Aquella misma noche, cuando llegué al trabajo, yo no dejaba de decir: "Conozco a este muchacho y él tenía sueños igual que yo. Si él tuvo un gran sueño y lo alcanzó, yo también puedo." Al día de hoy, ni siquiera sé si Arsenio sabe que él me cambió la vida. Pero aprendí que juntarte con un soñador puede darte un impulso cuando ya te has olvidado de soñar.

PEDIR LO QUE QUIERES

No existen los seres humanos que se forjan solos. Necesitas estar cerca de otras personas que te den inspiración y motivación. Y estoy seguro de que en cierto momento también necesitarás que te brinden recursos materiales o consejos. Sea como sea, necesitas tener las agallas suficientes para pedirlos. Yo no me sentía así. De hecho, lo que me animó a pedir fue darme cuenta de que no tenía nada que perder. Tampoco tenía nada que probar ni nada de qué avergonzarme, así que no temía al rechazo. Reconocer esto prácticamente duplicó mi nivel de confianza. Me fortaleció para decidirme a pedir. No sabes cuántas personas con éxito hay cerca de ti que sólo están esperando que alguien llegue y les pida asistencia u orientación.

Yo pude ahorrarme muchas molestias si no me hubiera pesado pedirle cosas a la gente. No sabía cuántas personas había por ahí que sólo esperaban tener una charla conmigo o asociarse conmigo. A Magic Johnson no le molesta sentarse a charlar. A John Hope Bryant no le molesta hablar conmigo. A Tyler Perry no le molesta hablar. Al presidente de los Estados Unidos no le molesta conversar. A grandes agencias, como la William Morris Endeavor, no les molesta hablar conmigo. Al vocero de la NBC no le molesta hablar conmigo. Estaba tan ocupado en enorgullecerme de no pedir nada, que eso casi me lleva al fracaso.

Es bueno sentarte a compartir ideas con una persona afín y contarle lo que te pasa. Quizá no tengas que pedir tanto como crees. El simple hecho de abrirte a conversar podría ser justo lo que la persona esperaba; quizá busca a alguien que quiera hacer algo, que esté ansioso de aprender y compartir; entonces, esa conversación inicial puede conducir a grandes cosas. Ten esto en tu perspectiva; todo lo que necesitas es hablar con personas afines y te aseguro que no les molestará hablar contigo.

IDENTIFICA QUÉ QUIERES

¿Cómo esperas obtener lo que necesitas si no abres la boca y lo pides? Nuestra vida es un reflejo directo de nuestra comunicación. Si no estás dispuesto a comunicar tus necesidades a tu patrón, tus clientes, tu pareja y tus familiares, no puedes culparlos por no corresponderte. Tú no lo sabes todo, no conoces a todo el mundo y no puedes hacer todo solo.

TODO EL PODER SIN AVERGONZARSE

Diversas investigaciones han demostrado lo poderoso que es pedir lo que queremos. Los estudios muestran que, en la mayoría de los casos, la gente dice que sí a las personas que piden lo que quieren con más frecuencia de lo que se cree. Además, la mayoría de las peticiones le parecen más grandes a quien pide que a quien le piden. ¿Aprendiste la lección? Pedir lo que quieres te da mayores posibilidades de obtenerlo que no pedirlo. Así que, ¿por qué no hay más personas que piden lo que quieren?

Un estudio realizado por la socióloga Annette Lareau mostró qué pensaban niños de diferentes estratos económicos sobre el acto de pedir. Los niños de clase acomodada y media se sentían con derecho de pedir las cosas que creían merecer. Casi estaban determinados a tener lo que querían y se habían formado un hábito y un sistema de valores para pedir lo que querían.

En el extremo opuesto, estaban los niños que habían sido educados como yo, en un entorno donde te consideran débil si no sabes algo. Donde ni siquiera debes pedir lo que quieres. Yo rara vez lo hice, pues no quería que nadie supiera que yo necesitaba algo. Ese fue el orgullo que me impidió conseguir todo lo que quería, necesitaba y, en verdad, merecía. No hay de qué avergonzarse por no saber o tener algo, ni por querer o necesitar algo. Mucho de lo que determinará la diferencia entre tener una vida sólo buena y tener una vida genial es una simple petición. Sin esa vergüenza, tendrás acceso a más poder.

Cómo construir relaciones

Aunque pedir confiere poder, también acarrea riesgos. La gente puede decir que no. Algunos podrían hacerse falsas ideas con base en nuestros deseos o necesidades, y otros más podrían rechazarnos con todo y nuestra audacia por pedir lo que queremos. Pero el temor a esas respuestas se incrementa mil veces cuando todas nuestras interacciones con otras personas son una mera transacción.

Cuando interactúas con personas sólo cuando necesitas o quieres algo, ellas pueden ver tus intenciones desde muy, muy lejos. Pedir lo que quieres se convierte en un proceso totalmente distinto cuando tratas con las personas con base en relaciones de apoyo. Pero esto puede resultar difícil para muchos de nosotros. No queremos ser vulnerables, y construir relaciones verdaderas requiere de un mayor nivel de apertura. Pero ya sea que trates de conseguir capital para abrir un nuevo negocio o intentes convencer a tu jefe de que mereces un aumento, una relación significativa puede marcar toda la diferencia. Cuando la gente responde a una petición, por lo regular no se limita a aceptar o rechazar lo que pides. En realidad, evalúan lo que piensan de ti, el riesgo que implica y la ganancia potencial. ¿Cómo podemos empezar a pedir lo que queremos?

Aquí tienes seis principios para ayudarte a conseguir un "Sí".

1. CONOCE TU VALOR. Si no sabes lo que vales, permitirás que alguien más lo determine. Pero conocer tu valor no basta si no lo comunicas con valor. Si ya determinaste que vales 150,000 dólares al año, tienes que estar dispuesto a luchar por ganar la cantidad que más se le acerque. De hecho, debes estar preparado para pedir más de 150,000 dólares para permitir un margen de negociación. Como ocurre con cualquier petición, quizá no ganes *justo* lo que quieres. Sin embargo, cuando conoces tu valor y luchas por él de manera profesional, te garantizo que te levantarás de la mesa con más de lo que habrías ganado si no hubieras pedido nada.

2. RECONOCE LO QUE MERECES. Hay demasiada gente —mujeres en particular— que sacrifica sus deseos y necesidades en beneficio de alguien más.

Ten cuidado. No hay nada noble en negarte la vida que estás destinado a tener en pos de otros. No está mal hacer sacrificios por las personas que amamos o con quienes nos asociamos, pero si siempre postergas tu satisfacción, tienes que detenerte y volver establecer prioridades en tus valores y compromisos. Advertencia: ten cuidado para no confundir lo que mereces, que es aquello por lo que luchas, con creer que lo mereces todo aunque no luches por eso.

3. SÉ ESPECÍFICO. Es importante ser específico con lo que quieres y necesitas. No comunicar lo que necesitas te traerá más frustración y hará que tardes más en alcanzar el éxito.

4. NO SUPONGAS NADA. Las personas no leen la mente. No importa qué tan bien conozcas a alguien: nunca supongas que sabe lo que quieres o necesitas. Aun cuando creas que "deberían" saberlo, sé muy claro de antemano en relación con tus necesidades.

5. COMUNICA TUS VALORES. Sé firme respecto a lo que apoyarás y a lo que no apoyarás. La vía más rápida a la frustración la tomas cuando no comunicas tu sistema de valores. Esto puede resultar difícil cuando estás en una situación de verdadera

necesidad. Pero no te vendas. No pongas en jaque tus estándares.

6. RECONOCE QUE UN "NO" NO ES UN RECHAZO. El banco, tu jefe, incluso tu pareja te dirán que no en algún momento. Quizá no sean capaces de darte lo que quieres. Esfuérzate al máximo para ver la situación desde todos los ángulos, y no sólo desde el propio, antes de romper con una relación, rechazar una oportunidad o quemar un puente.

Tu don está esperando que luches por lo que quieres. Cuando construyes un mundo que luce como tú quieres que luzca, le das a tu don más espacio para crecer. Ya has dedicado demasiado tiempo a hablar de lo que quieres sin pedir lo que quieres. Lo peor que puede pasar es que alguien te diga que no. Lo mejor que puede pasar cuando pides lo que quieres es... conseguir lo que quieres y necesitas.

Acciones para el éxito

Anota tres cosas que quieras y que nunca hayas pedido:

1. _____

_____

2. _____

_____

3. _____

_____

¿Por qué no pediste estas cosas?

1. _____

_____

2. _____

_____

3. _____

_____

Identifica a tres personas a quienes deberías pedirles algo

1. _____

_____

2. _____

_____

3. _____

_____

III
Cómo maximizar tu don

12

La tabla de habilidades

Durante mi juventud, en Cleveland, fui boxeador. Ese deporte me fascinaba en mi infancia y aún me encanta. Cualquier entusiasta del boxeo puede hablarte de la tabla de estadísticas, que es un análisis previo a una pelea que muestra medidas detalladas de cada púgil. Cuando miras la "tabla de estadísticas" por televisión, las medidas suelen incluir la edad, el peso, la estatura y el alcance del brazo. En el pasado también solía incluir las medidas de los bíceps, el pecho, la cintura, el cuello, la pantorrilla y el tobillo. Quizá uno no puede hacer mucho con estas cifras, pero los verdaderos analistas del boxeo son capaces de identificar fortalezas y debilidades antes de que se lance el primer golpe.

CONOCE A TU OPONENTE

Uno de los mejores combates en la historia del boxeo fue la llamada "Pelea del siglo" de 1974, entre el campeón invicto de peso completo, George Foreman, y el excampeón de peso completo, Muhammad Ali. La pelea tuvo lugar en Kinshasa, Zaire (hoy, República Democrática del Congo), y casi todos los expertos predijeron que el campeón, al ser más joven, fuerte y poderoso, derrotaría al excampeón, más viejo, ostentoso y débil.

Ali conocía mejor que nadie cuáles eran sus fortalezas y debilidades. Sabía que no podía pegar más fuerte que Foreman y que su típico baile por todo el ring no tendría el mismo impacto en Foreman que en peleadores anteriores con diferentes habilidades. Ali evaluó las habilidades de su oponente y las comparó con las suyas. Con lo que aprendió, planeó una estrategia que nunca antes había probado. Durante la mayor parte de ocho rounds, Ali se replegó contra las cuerdas, con lo cual permitió que Foreman lanzara puñetazos que le exigieron un gran esfuerzo pero que causaron un daño mínimo. En otros momentos, Ali se acercaba a Foreman, se recargaba en él para que Foreman sujetara a Ali y recibiera algunos *jabs* en la cara. Para el octavo round, Foreman estaba agotado por lanzar puñetazos y recibir los *jabs* de Ali. Ali noqueó a Forman en ese round y asombró a muchos en el mundo del boxeo.

Ali no era el boxeador más fuerte de los dos. Pero fue quien hizo una mejor evaluación comparativa de habilidades. Tú tienes que adoptar esa misma mentalidad mientras buscas nuevas oportunidades, decisiones profesionales e incluso nuevas relaciones. Al igual que en el boxeo, lo que es una debilidad contra un púgil puede ser una fortaleza contra otro. Cuando observas tu lista de habilidades, ¿cuáles son tus ventajas y desventajas potenciales?

Si tienes habilidades sólidas en comunicaciones, gestión de proyectos y creación de equipos, pero tienes debilidades en elaboración de presupuestos y finanzas, es poco probable que tus habilidades sean adecuadas para un puesto de director de finanzas. Por otro lado, si tienes habilidades en tecnología y diseño digital, tus habilidades podrían ser las idóneas para un director de tecnología. Asegúrate de conocer tu oportunidad, relación o empleo lo suficientemente bien como para evaluar sus requisitos en relación con tus habilidades, y así hacer un excelente trabajo.

No puedes dar lo mejor de ti cuando no sabes qué es lo mejor de ti. Conocer tus fortalezas y debilidades es importante porque necesitas aprender a maximizar tus ganancias y minimizar tus pérdidas. Enfrentar los retos de la vida, los negocios, el trabajo, la salud y la familia equivale a lanzar y recibir varios derechazos. Ser sincero en relación con tus debilidades te pondrá en una posición donde recibirás menos golpes y minimizarás el riesgo de ser noqueado en tu camino al éxito.

Por último, cada uno de nosotros tiene la capacidad de evolucionar y fortalecerse o quedar varado y debilitarse. Cuando sabes lo que haces bien, puedes desarrollar una estrategia de crecimiento. Todo esto es posible con un poco de trabajo, pero nada de eso puede ocurrir si no te das el tiempo para conocer tus fortalezas y reconocer tus debilidades.

Cómo conocer tus fortalezas
y debilidades

Evaluar tus fortalezas y debilidades no es un proceso emocional, más bien es un momento para clasificar tus habilidades. Saber lo que haces bien respecto a lo que aún necesitas mejorar te ayudará a identificar tus habilidades y rasgos personales. A medida que emprendas esta búsqueda para descubrir tus cualidades, podrás empezar a buscar tus fortalezas y debilidades en las siguientes áreas:

• **HABILIDADES DE CONOCIMIENTO:** incluyen los grados académicos, las lenguas, los saberes técnicos, las habilidades industriales específicas o los conocimientos administrativos que hayas adquirido durante tu formación académica o tu experiencia profesional.

• **HABILIDADES TRANSFERIBLES:** incluyen los rasgos cotidianos que puedes aportar a cualquier situación, como las habilidades de comunicación, los conocimientos financieros, la pericia en el servicio al cliente, la actitud de liderazgo, las habilidades para resolver problemas y la experiencia en gestión de proyectos.

• **HABILIDADES DE CARÁCTER:** rasgos como la honestidad, el sentido de oportunidad, la diligencia, la

confiabilidad y la confianza son excelentes caracte-
rísticas que te servirán muy bien tanto en el ámbito
personal como en el profesional.

En primer lugar, demos un vistazo a tus relaciones personales
y profesionales. ¿Cuáles son las habilidades que demuestras
en tus relaciones interpersonales? ¿Eres bueno para escuchar? ¿Eres solidario? Ahora piensa en las áreas en que te
convenga mejorar. ¿Puedes ser más paciente? ¿Necesitas
trabajar en tu capacidad para ceder?

A continuación, enfócate en tu carrera profesional.
¿Qué habilidades has necesitado para hacer bien tu trabajo?
¿En qué habilidades has obtenido buenas calificaciones durante tus evaluaciones de desempeño? ¿En qué áreas te han
sugerido crecer y mejorar continuamente?

Ahora que tienes una lista de habilidades en estas dos
áreas principales, quiero que identifiques a qué tipo de habilidad pertenece cada una (por ejemplo, de conocimiento,
transferible o de carácter). Distingue si es una fortaleza o
una debilidad, y evalúala usando uno de estos criterios: Su-
perior, Buena, Capaz, y Necesita mejorar. Para que tengas
una idea sobre cómo calificar tus habilidades, te comparto
mi tabla:

TABLA DE HABILIDADES DE STEVE

HABILIDAD	TIPO	FORTALEZA O DEBILIDAD	RANGO
Comunicación	Transferible	F	Superior
Marketing	Conocimiento	F	Superior
Relaciones personales / internacionales	Conocimiento	D	Necesitas mejorar
Capacidad de escuchar	Carácter	F	Buena
Capacidad organizativa	Transferible	D	Capaz

Esta autoevaluación te dará una imagen sincera de ti mismo. Pero antes de llenar tu hoja, considera lo siguiente: debes llenar tu evaluación con base en tu situación *actual*. No te atormentes por debilidades del pasado ni subestimes tus fortalezas cuando es claro que te has desarrollado en determinadas áreas.

¿Cuáles son tus habilidades?

TABLA PERSONAL DE HABILIDADES

HABILIDAD	TIPO	FORTALEZA O DEBILIDAD	RANGO

CÓMO TRABAJAR CON UN OBSERVADOR EXTERNO

Aunque tu evaluación personal es importante, también necesitas una perspectiva externa. Tal vez hayas pensado en contratar a un asesor en desarrollo empresarial para que evalúe tus habilidades. Si eso no es posible, puedes pedirle a algún colega de hace mucho tiempo, o algún amigo de confianza, que evalúe tus habilidades objetivamente. Si en tu círculo cercano hay algunas personas con las que puedes contar, tal vez quieras pedir a una que te haga una evaluación personal, y a otra que te haga una evaluación profesional. A medida que empieces a trabajar con tu observador externo, toma en cuenta estos tres consejos:

1. SÉ ABIERTO. La retroalimentación que te dé tu observador externo será más efectiva si puedes desprenderte de tus ideas preconcebidas y escuchar lo que te dice.

2. CONTROLA TUS EMOCIONES. Es probable que tu observador te revele algo que te toque una fibra sensible. No te cierres cuando escuches algo incómodo. No te desvíes y usa esta conversación como una oportunidad para aprender y crecer.

3. ESCUCHA A TU CABEZA Y NO A TU CORAZÓN. Identifica las áreas en las que tus fortalezas y de-

bilidades influyan en tu vida de maneras que no habías pensado.

Cómo manejar las fortalezas y mejorar las debilidades

Hay algunos rasgos de tus fortalezas y debilidades que debes entender para triunfar.

Cómo pulir tus fortalezas

- SÉ SEGURO PERO NO ARROGANTE. Conoce tus fortalezas y úsalas a tu favor. Ten la confianza suficiente como para utilizar tus habilidades en oportunidades que te den avance y crecimiento. Sin embargo, incluso tus fortalezas tienen límites. Conoce tus limitaciones y manéjalas bien.

- PERMANECE EN GUARDIA. Quizá Floyd Mayweather no siempre sea la persona más popular, pero tiene la distinción de siempre estar listo para pelear. La mayoría de los boxeadores tienen que entrenar durante meses para estar en condiciones de pelear. De manera similar, tienes que trabajar consistentemente en tus fortalezas. La educación continua, la capacitación complementaria y la lectura de todo lo que caiga en tus manos no sólo mantendrá en forma tus habilidades; también te ayudará a crecer.

159

• DESARRÓLLATE O MORIRÁS. Si no desarrollas otras fortalezas, tus enemigos siempre sabrán qué decisiones tomarás. Cambia las cosas, aprende y domina otras habilidades, y aplícalas estratégicamente de manera que puedas mantenerte a la vanguardia del mercado y de tu industria.

Cómo trabajar con tus debilidades

• PROTEGE TUS DEBILIDADES. Al igual que Ali, no tienes que exponer tus debilidades. Recuerda identificar las oportunidades idóneas para ejercitar tus fortalezas.

• ELIGE TUS DEBILIDADES. Las debilidades sólo actúan en tu contra si tú lo permites. Asóciate con personas cuyas fortalezas sean tus debilidades. Aprende de ellas y trabaja en esa área para que puedas fortalecerte.

• DESARRÓLLATE O MORIRÁS. Si te quedas donde estás, tus enemigos sabrán dónde atacarte. Sigue desarrollándote para que saques ventaja incluso de las áreas en que necesites mejorar.

El conocimiento de tus fortalezas y debilidades determinará, sin lugar a dudas, si triunfas o fracasas. Evalúa tus habilidades y desarrolla una estrategia de modo que siempre utilices tus habilidades para mejorar.

Acciones para el éxito

¿Cuáles son las fortalezas en las que te quieres enfocar con miras a tu próxima oportunidad, trabajo o relación?

_____

_____

_____

_____

_____

_____

_____

_____

_____

_____

_____

_____

_____

Menciona tres oportunidades a las que puedas conectar tus habilidades.

1. _____

_____

2. _____

_____

3. _____

_____

¿Qué debilidad quieres fortalecer y cómo lo harás?

1. _____

_____

2. _____

_____

3. _____

_____

13

Nunca temas reinventarte

Algo que me ha ayudado durante toda mi carrera es mi absoluta disposición para reinventarme. Mi participación en *Celebration of Gospel*, programa que conduje durante trece años, fue un giro de 180 grados respecto a ser uno de los Reyes de la comedia originales. Yo usé mi férrea educación religiosa para conducir el programa, lo cual me llevó a un público más amplio.

Mi disposición para reinventarme y pasar de hacer un acto solitario a formar parte de un acto itinerante con un grupo de hombres le abrió las puertas a la película *The Original Kings of Comedy*, lo cual me dio una difusión nacional que nunca había tenido. A continuación, por encargo de HarperCollins, tuve una oferta para escribir mi primer libro. Nunca me había propuesto ser autor, pero me sacudí el miedo y el libro resultó ser un gran éxito. La popularidad de *Actúa como dama pero piensa como hombre* hizo que la gente de FermantleMedia se acercara a mí y me dijera: "Eres muy popular entre las mujeres. Tenemos un programa de concursos que queremos que veas." Ese fue mi inicio como conductor de *Family Feud*.

Siempre quise hacer un programa nocturno de entrevistas, pero después del éxito que tuve con *Family Feud*, la NBC y Endemol me propusieron: "Tenemos un proyecto diurno para ti." Le perdí el miedo a la televisión diurna y me lancé a hacer mi propio programa. Mi constante disposición para reinventarme me ha ayudado a no estancarme, o sea, a desear una sola cosa durante toda mi vida.

El cambio llega a la vida de todas las personas. Puedes resistirte o participar en él. Yo elijo participar en todos los cambios de mi vida. Si pasas la vida resistiéndote a cambiar, entonces llevas las de perder. Yo he decidido ser proactivo y participar en el cambio. En verdad, creo que ese ha sido un elemento fundamental de mi éxito Entre más dispuesto estés a aceptar el cambio y a ser parte de él, más éxito tendrás.

Cómo maximizar tus experiencias

Diversificar tus dones también significa saber cómo usar otras experiencias en tu vida. En realidad, la mayoría de nosotros sólo tiene un talento. Mi talento es tomar información y transferirla de inmediato a otros tipos de plataformas. Yo sé cómo tomar información y transformarla en comedia, inspiración, motivación u orientación. Antes, creía que mi único talento era transformar la información en comedia. Sin embargo, a medida que envejezco, mis experiencias me han mostrado que puedo usar esa información para transformarla de varias maneras, y de ese modo, me convierto en una persona inspiradora, compartida y motivadora.

Si tú eres estilista, tus dones quizá te lleven a impartir o dirigir seminarios en una academia de belleza, a crear productos para el pelo o a conducir tu propio programa de belleza en la televisión. Uno nunca sabe. Sólo tienes que mantenerte abierto a diversificar tu don.

Te explicaré esto poniendo de ejemplo a mi amigo Ervin "Magic" Johnson. El Magic es uno de los mejores jugadores de baloncesto que ha tenido el mundo. Yo creo que su verdadero don consiste en conectarse con la gente de maneras que pocas personas logran. El baloncesto era sólo un talento. Lo que el Magic ha cultivado en "Fuera de juego" —fortalecer a comunidades con recursos y comercio convenciendo a las personas correctas de creer en su visión— es su don. Su talento lo puso en la situación correcta para ejercitar su don. Al ver al Magic Johnson navegar por su carrera post baloncesto, uno se da cuenta de que este hombre puede hablarle a cualquier persona de cualquier condición social y convencerla de que su idea es factible. Ese es su verdadero don, y los tipos de relaciones profesionales y personales que él ha podido crear con ese don han superado mucho sus hazañas como basquetbolista. Cuando te comprometes con la excelencia, incluso un talento puede llevarte hasta lugares sorprendentes.

Una persona a quien de veras admiraba cuando me inicié en la comedia era Sinbad. Recuerdo que, una noche, me dijo que él había sido capaz de ganar 50,000 dólares a la semana en algunos de los foros donde se presentaba. En aquella época, yo creía que me iba bien cuando ganaba sólo 500 dólares a la semana, pero cuando me enteré de las cifras que manejaba Simbad, me fijé la meta de ganar eso y más. Mi incapacidad para adaptar mi trabajo a *todo* tipo de espectadores no me iba a llevar más cerca de ese cheque de 50,000 dólares. Tuve que mejorar mi acto, estudiar mi oficio y enterarme a fondo de lo que ocurría en el mundo para crear el tipo de chistes que me permitirían compartir mi don con un público más amplio.

El hecho de expandir tus dones y talentos para atraer a un público más amplio no implica que vayas a traicionar tus principios. Entre más abierto seas, más rápido alcanzarás tus sueños.

Es necesario tener una visión expansiva para aprovechar las posibilidades de tu vida. No podemos permitir que la estrechez de criterio interfiera con nuestras recompensas. Sal de tu zona de confort y prueba algo nuevo y aventurado cuando utilices tu don.

La Biblia dice: "Yo he venido para que tengan vida y la tengan en abundancia." En ningún pasaje de las Escrituras dice: "Yo he venido para que tengas una vida cómoda, segura, limitada y que haga felices a todos."

Diversificar tu don te brinda la oportunidad de conocer a personas que antes no habrías sido capaz de contactar. Hay una multitud de bendiciones que Dios tiene sólo para ti, si tienes la fe suficiente para llevar tu don al siguiente nivel.

Cuando escribí *Actúa como dama pero piensa como hombre*, en 2009, yo estaba diversificando mi don. Tenemos que aprender a soñar más en grande que nuestras circunstancias pasadas y presentes para crear un panorama general que nos inspire a avanzar.

ORGULLOSO DE TUS RAÍCES PERO NO ESTANCADO EN ELLAS

Un grupo musical del que me siento muy orgulloso es los Roots. Si aún no has visto el nuevo *Tonight Show Starring Jimmy Fallon*, te estás perdiendo la oportunidad de ver todas las noches la actuación de una de las bandas más singulares de la Tierra. Lo que me encanta de los Roots es que empezó como un grupo de hip-hop en vivo en Filadelfia. Pero cuando sintonizas *The Tonight Show*, ellos tocan *de todo*, desde Nas y U2 hasta Steven Tyler y Willie Nelson. Los Roots tienen claras raíces en las tradiciones del hip-hop y el soul, pero no están estancados en eso. Este grupo tiene un evidente aprecio por sus raíces, pero sus integrantes no han permitido que el pasado los encierre en una única visión para el futuro de su carrera.

De ninguna manera quiero decir con esto que ignores tus tradiciones, legados y habilidades que acompañan a tu don. Es justo esta serie de rasgos lo que hace que tu don sea distinto del don de los demás. Aunque debes dedicar tiempo a enriquecer tu don con todas las técnicas y trucos que la experiencia te ha enseñado a lo largo de los años, no te quedes sólo con eso. No caigas en la trampa de sólo saber cómo preparar un pastel de bodas con la receta que te enseñó tu mamá cuando empezaste a trabajar en su pastelería en 1985. Tal vez tocas muy bien la guitarra con tu grupo los sábados por la noche, pero no te pierdas la oportunidad de aprender a tocar la guitarra acústica para tocarla en una fiesta de jubilación durante la semana. ¿Quién sabe? La fiesta podría ponerse más divertida que tu tocada del sábado si eliges las canciones adecuadas.

A mí me encanta el difunto comediante Richard Pryor. Quizá yo podría citar la mayoría de los chistes que grabó en sus discos, pero quedarme estancado en Pryor no es el tipo de habilidad cómica que habría hecho que me invitaran a conducir *Celebration of Gospel*. No es lo mismo hacer reír a una señora devota que arrancarle carcajadas a una multitud en un foro de comedia un viernes por la noche.

Cuando hice *Don't Trip... He Ain't Through with Me Yet!* en 2006, aquel fue uno de los primeros actos en el que me presenté ante un público predominantemente cristiano. Yo le pedí a Dios que no me dejara meter la pata enfrente de aquellas buenas personas. Él me bendijo con un material humorístico rico y muy adecuado para esa audiencia, pero también para otras. Mis raíces no cambiaron, sólo mi material.

No permitas que tus orígenes se conviertan en una limitación. Las personas más listas de este negocio toman lo mejor de lo que han aprendido de sus padres, maestros, colegas y jefes, y se desarrollan a partir de ahí. Nunca escucharás a innovadores de la talla de Bill Gates, Warren Buffett u Oprah Winfrey decir: "Lo haremos de esta manera porque es como siempre se ha hecho." La gente con éxito aprecia el lugar de donde viene pero no permite que su pasado marque la pauta de su futuro. Los triunfadores son innovadores.

Acciones para el éxito

Dedica un momento a hacer una lista con todas las habilidades y talentos que acompañan tu don. Puede ser tan breve como el temario para una junta o tan extensa como el programa de un día de campo para celebrar el Día del trabajo.

_____

_____

_____

_____

_____

_____

_____

_____

Haz una lista con algunas formas en que podrías diversificar tu don o difundirlo a un público o un terreno más amplio. No temas pensar en GRANDE. ¿Cómo puedes llevar tus dones al siguiente nivel?

14

El poder del "no"

Hace muchos años, fui propietario de un foro de comedia.
Una de las cosas que aprendí después de tener aquel
negocio era que nunca, jamás le vendería alcohol a otra persona. La peor experiencia que he tenido en mi vida es actuar
para personas en estado de ebriedad. Yo le prometí a Dios,
cuando dejé el negocio de los foros de comedia, que nunca
volvería a promover el alcohol.

Fue fácil mantener esa promesa, hasta que el whisky
Crown Royal se convirtió en el patrocinador oficial de la gira
de los Reyes de la comedia. Una vez, yo estaba conduciendo
el espectáculo cuando el promotor me dio una lista de cosas positivas que decir sobre Crown Royal para hacer que
la gente lo comprara. Yo dije que no. Él empezó a decirme
cuánto dinero estábamos ganando gracias a Crown Royal.
Y no hay nada malo con el producto cuando se le usa con
moderación, si es lo que eliges beber. Pero yo había hecho
la promesa de no usar mi fama o fortuna para promover el
consumo de alcohol. Yo tengo otros vicios. Fumo cigarrillos.
No soy perfecto, pero elijo no promover el alcohol.

Eso se convirtió en un enorme problema. El promotor amenazó con reducirme la paga y quitarnos el patrocinio. Hubo algunos altercados verbales, además de que el promotor se había colocado a un lado del escenario para tratar de hacerme vender alcohol. Esta batalla continuó por alrededor de seis semanas. Él hizo todo lo que se le ocurrió para hacerme promover bebidas alcohólicas.

Ahora bien, a mi realmente me agradó la gente de Crown. Asistieron al espectáculo y fueron unos patrocinadores geniales. Fueron una gran ayuda para nosotros. Además, la corona de su logotipo simbolizaba a los "Reyes". Fue una magnífica relación. Yo les expliqué que no vendería al producto porque no me gusta lo que le hace a la gente. ¿Quién no entiende eso? Como soy famoso, la estrella de *The Steve Harvey Show*, ellos se percataron de que, si yo lo vendía, el mensaje tendría mucho más peso. No digo que no debas beberlo. Soy una persona íntegra, y lo que digo es que yo no voy vender algo que no quiero usar.

Yo tuve que defender mi postura y los representantes de Crown Royal entendieron de lo que hablaba. Ellos comprendieron que no podían hacerme promover su marca. Defendí una postura. Siempre pensé que era importante defender una causa y la defendí con orgullo.

"No" es una palabra poderosa. Yo me arriesgué a que me despidieran por defender algo en lo que creía. Ser capaz de decir "No" te ayudará a fijar tus estándares personales con mayor seguridad, así como a sentirte a gusto con el hecho de marcar límites, ambos, elementos fundamentales en tu viaje rumbo al éxito.

El poder del "no"

Decir que no te confiere una serie de poderes:

EL PODER DE LA ENERGÍA. Te da la energía para enfocarte en los aspectos que te acercan a tu destino.

EL PODER DE UN EGO REDUCIDO. También significa ser suficientemente fuerte para aceptar que no todo lo puedes. Aunque tratemos de ser los mejores, tenemos que darnos cuenta de que no somos Dios. No trates de hacer todo. El plan que tienes para tu don será tu guía.

EL PODER DE DAR PODER. Te da la capacidad de permitir que destaque alguien más. Recomienda a esa persona para recibir tal honor. Tu "no" abrirá las puertas para que otros brillen.

EL PODER DE FRENAR LA PERMISIVIDAD. Algunas personas dicen que "Sí" a todo en beneficio de otros, solapándolos cuando no cumplen con sus responsabilidades. *Deja de hacerlo*. Tu "no" fuerza al otro a cumplir con lo que le corresponde. Aunque ahora lo dejes fallar, a la larga, le harás un favor. Tu "sí" sólo sirve para aplazar lo inevitable.

EL PODER DE ROBARLE A TU ENEMIGO. Quizá algunas personas quieran robar y manipular tu don. Decir "No" te permite usar tu don y tu poder en el lugar y el momento correctos para el propósito correcto. Deja de darles tu don a quienes quieren usarlo para el desarrollo de su legado a costa del tuyo. No permitas que impidan tu enfoque para tu visión.

Maximizar este poder te ayudará a evitar toda clase de situaciones que te alejen cada vez más de tu camino al éxito.

LA PRUEBA DEL "NO"

Cuando le hablo a la gente sobre saber decir que no, una de las preguntas que me hacen más a menudo es: "¿Cómo sabes a qué cosas decir que no?" Esa es una buena pregunta. Además, no todas las oportunidades, relaciones o experiencias que se te aparezcan en el camino –aunque sea algo que quieras– son buenas para ti. ¿Alguna vez has aceptado una oportunidad que deseabas y al poco tiempo te arrepentiste por completo? Yo también. Por eso, hice una lista para ayudarte a determinar a qué ofertas decir "no".

Esta oportunidad, evento, relación, trabajo, petición, o lo que sea:

- ¿Te acerca más a alguno de los elementos que incluiste en tu mural de visualización?
  SÍ   NO

- ¿Fomenta tu don?
  SÍ   NO

- ¿Entra en conflicto con algún trabajo que estés realizando, o algo que necesites hacer encaminado a obtener alguno de los elementos de tu mural de visualización?
  SÍ   NO

- ¿Te beneficia a ti y a otras partes involucradas (sin importar quién se beneficie más)?
  SÍ   NO

- ¿Entra en conflicto con alguno de tus valores morales, aunque te beneficie de otras maneras?
  SÍ   NO

- ¿Te proporciona una remuneración que consideres justa?
  SÍ   NO

¿Te ha ayudado esto a acercarte a lo que has definido como tu meta o te ha alejado de ello? Decir "no" ahora, te recompensará después con la victoria.

IV

Cómo crear tu legado

15

Cómo librarte de tus enemigos mediante el éxito

La Biblia dice: "Muerte y vida están en poder de la lengua." En tu búsqueda por convertirte en triunfador, y por ser, tener y disfrutar más, vas a encontrar oposición. Es triste decirlo, pero la oposición no sólo es producto de las circunstancias; muchas veces se trata de otras personas, las cuales se presentan como tus enemigos. Cada vez que tomas una decisión para hacer y querer más, surge la oposición. Lo bueno es que, sin ella, no hay progreso. No hay necesidad de resolver la oposición porque será continua. La única cura para los enemigos es el éxito. Quizá, lo primero que se te ocurra sea: "Sin duda, puedo ponerlos en su lugar." Sí puedes. Pero, para hacerlo, necesitarías interrumpir tu ascenso.

Mi padre me dijo que nunca quitara un pie de una escalera para patear a alguien que me estuviera fastidiando. Cuando lo hice, dejé de subir. Mi padre me decía que, mientras me pateaban, yo continuara subiendo. El otro puede patear sólo una vez. Si yo sigo subiendo, lo dejaré atrás porque el otro se permite desviarse de sus planes.

Piensa en el éxito como en estar en una escalera. Cada vez que subes un peldaño, tienes que levantar un pie y apoyar el otro. Si te detienes para pelear con un enemigo, no levantarás el pie para ascender al siguiente nivel. Perderás tu tiempo con una persona que no te ayudará a tomar decisiones ni a ganar poder ni a tener influencia. Sólo será tu enemigo. Su único objetivo es impedir tu avance, y si tú te detienes para pelear con él, le habrás ayudado a conseguirlo. No puedes permitirte pasar un solo día ocupado con ese tipo de energía.

Nadie que se tome en serio su negocio combate a sus opositores (al menos, nadie que yo conozca). No tienen tiempo. En ninguna parte de este espacio, los enemigos no tienen ningún valor significativo. Ningún anunciante dice: "Esperen un minuto, vamos a anunciar algo, pero primero veamos qué dicen nuestros enemigos." Ningún editor dice: "Estoy por publicar este libro, pero antes de hacerlo, veamos qué leen nuestros enemigos." Nadie que anuncie un puesto vacante dice: "Se solicita enemigo. Tenemos una vacante disponible para el puesto de enemigo." Si entiendes a la gente que sabe tomar decisiones, ganar poder y tener influencia, sabes que ellos ni siquiera piensan en la existencia de los enemigos. Mi papá solía decirme: "Hijo, no les des un alfiler para que te lo claven."

En una ocasión, tuve un problema. Luego, Tyler Perry me llamó y dijo: "Steve, cuando escriben en un blog sobre ti, es sólo un blog. Pero, si tú respondes, se convierte en conferencia de prensa."

Tú no tienes tiempo para la gente insignificante. No tienes tiempo para la oposición. De cualquier manera en que quieras verlo, la única forma de librarte de un enemigo es por medio del éxito. En ningún momento te hace ningún bien enfrentar a un contrincante, sea cual sea. Eso sería prestarle tu atención a una persona insignificante, darle brillo a un individuo gris.

Yo aprendí a contenerme al observar a nuestro presidente. Nunca he visto a un hombre más noble ni regio ante la adversidad. Él podría detenerse y ocuparse de todos sus enemigos, pero no lo hace. Tan sólo avanza tranquilo y cumple con su trabajo de presidente en medio de una intensa adversidad. Lo mismo podemos decir de Nelson Mandela, Martin Luther King Jr., John F. Kennedy, Gandhi y la Madre Teresa.

El reverendo Billy Graham tiene un libro maravilloso, *Nearing Home* (*Acercarse a casa*). Este hombre dedicó su vida a enseñarle a la gente la rectitud y la palabra de Dios. Y, aun así, hubo gente que lo criticó. A lo largo de su historia, puedes ver ejemplos de personas que han sido atacadas. Pero han seguido poniendo un pie sobre el otro para subir al siguiente escalón.

Tú no tienes tiempo ni puedes gastar energía encarando a tu oposición. Ellos no tienen poder sobre ti, a menos que tú se los des. Martin Luther King Jr. dijo algo que siempre recordaré: "Un hombre no puede montarse sobre tu espalda a menos que esté encorvada." No te encorves. Mantente erguido. No dejes de subir.

No ha pasado una sola semana en que alguien no diga algo sobre Steve Harvey. Yo no tengo problemas para mantenerme ecuánime ante la opinión del público, pues hace años decidí que no le daría a nadie el poder de definir quién soy. Vivimos en un país libre donde la gente puede decir cualquier cosa sobre mí pero, a fin de cuentas, *yo elijo*; y repito, *yo elijo* cómo afectarán esas palabras a mí y a mi destino. Y todos los días tomo la decisión de no dejar que la negatividad de alguien me impida ejercer el don que Dios me dio.

La gente que está atascada en el lodo de su miseria escupirá su veneno sobre otros sólo para huir de sus problemas cotidianos. Algunos días podemos tolerar las críticas gratuitas mejor que otros. La cuestión es: ¿Cómo te mantienes motivado y avanzando hacia tu meta en un entorno lleno de negatividad?

¿CÓMO SE PRESENTA LA NEGATIVIDAD EN NUESTRA VIDA?

En cualquier día, es muy probable que se presente en tu vida algún tipo de energía negativa. Ya sea que tome la forma de un colega, un desconocido en la calle o, por desgracia, tu cónyuge, si estás vivito y coleando, seguramente habrá algún tipo de negatividad dirigida a ti. La negatividad puede presentarse como cualquier energía pesimista, crítica o dañina que te saca de tu camino al éxito. Si no tienes cuidado, esa energía negativa no sólo te sacará del camino, también te consumirá. Antes de que te des cuenta, pasarás todo el día pensando, *¿Realmente lo hice tan mal?*, o *¿Qué me quiso decir con eso?* Entonces, ¿cómo recuperamos nuestro poder y nos mantenemos de pie durante todo nuestro camino?

Nosotros tenemos que volvernos hábiles para desviar la energía negativa y mantener los ojos fijos en nuestra visión. Sólo mira a Oprah. Su visión y ambición para crear la cadena televisiva OWN Network es un ejemplo muy claro de alguien que ha triunfado a pesar de sus opositores. Sus críticos la descalificaron cuando empezó con la OWN. No podías abrir un periódico ni leer un blog sin que alguien insistiera en el bajo rating de la cadena o dijera: "¿Quién cree ella que es para fundar su propia cadena?" o "Ella debió haber seguido con *The Oprah Winfrey Show* hasta retirarse." Qué bueno que Oprah no necesita que nadie la valide para hacer que su visión siga avanzando. Ella hizo lo que mejor hace: superó las expectativas de todos al hacer que OWN se volviera rentable en menos de tres años, con programas de calidad como *Iyanla*, *Fix My Life*, y *The Haves and the Have Nots* de Tyler Perry. Pudo retirarse con sus miles de millones de dólares a alguna isla después de concluir *The Oprah Winfrey Show*. Y, para ser sincero, no me habría molestado que lo hiciera. Pero el impulso de esa mujer por ganar, por triunfar y, sobre todo, por enseñar y compartir con los demás a lo largo de su carrera, es algo digno de admirarse.

Recuerdo que, durante mis primeros meses como conductor de *The Steve Harvey Show* en la televisión, la propia Oprah me llamó por teléfono. Después de que salió al aire uno de mis capítulos, me dijo: "Steve, no dejes que esas personas te convenzan de dejar de ser quien eres. Tienes que permanecer fiel a *ti* mismo." El hecho de que la "reina de la televisión diurna" se haya tomado la molestia de llamarme y ayudarme a mantener mi visión enfocada y avanzando en la dirección correcta significa muchísimo para mí, mucho más de lo que nunca podré expresar.

Sigue el ejemplo de Oprah. Es un hecho que te llegarán enemigos por todos los flancos. ¿Quién vas a ser ante tus críticos? ¿Caerás bajo el peso de la opinión de alguien más o aprovecharás la ocasión y dejarás que tus enemigos te motiven para tener aún más éxito?

Aquí hay cuatro tipos de enemigos de los que necesitas cuidarte:

EL ENEMIGO QUE ODIA TODO

Podrá ser un hermoso día sin una sola nube en el cielo, pero el "enemigo que odia todo" siempre encontrará una razón para quejarse. Aun cuando ocurran cosas buenas, ellos nunca parecen salir de su nube de desprecio. Lo escalofriante de este tipo de enemigos es que suelen estar enojados por algo que ocurrió hace tanto tiempo que apenas pueden recordar los detalles. Todo el mundo ha avanzado, pero ellos están estancados en un instante y no saben cómo escapar. Este tipo de energía puede ser la peor porque es agotadora y persistente.

También debes recordar que la energía que proviene de los enemigos que odian todo, rara vez tiene que ver contigo. A ellos no les gusta estancarse en su miseria más que a ti. Pero como no pueden hallar la salida, se desquitarán con la persona que tengan más cerca. Entonces, si tienes la desgracia de cruzarte en su camino, sacúdete su negatividad y prosigue con tu vida.

Si *dejas* de darles un lugar para guardar su negatividad, ellos dejarán de enviártela. ¿Te das cuenta de cuánta energía negativa permitimos que nos mande la gente? ¿Alguna vez has conocido a alguien que trate de encontrar maneras de pelear contigo? Ellos conocen tus fibras sensibles, las tocan todo el tiempo y tú respondes mecánicamente. No te quedes sentado para recibir sus maltratos; mejor vete y oblígalos a depositar su negatividad en otra parte. Yo sé que cuando la persona es un familiar o el cónyuge, esto puede ser complicado. Pero, por desgracia, algunas relaciones nos fuerzan a elegir entre la paz de alguien más y la propia. No te atrevas a permitir que su energía destruya tu éxito.

EL ENEMIGO QUE TE ARRASTRA HASTA EL FONDO

El "enemigo que te arrastra al fondo" es alguien que te odia porque desearía ser tú. Pero en lugar de hacer las cosas que tú has hecho para llegar hasta donde estás, prefiere arrastrarte hasta el fondo de su miseria robándote *tu* energía, *tus* sueños y *tu* éxito. El mundo ha propiciado mucho la aparición de este tipo de enemigos, pues hemos reducido los mensajes positivos sobre los dones de la gente y aumentado los mensajes que hacen que las personas se sientan con derecho de tener cosas que no les pertenecen.

Las redes sociales le han dado a este enemigo una herramienta de poder completamente nueva. Hubo una época en la que tus enemigos estaban limitados a tu mundo físico. Ahora, con Facebook, puedes tener un enemigo en el Medio Oeste que te odie porque estás llevando la vida que él quiere. Aunque esto puede parecer ridículo, revela lo penetrante que es este tipo de energía negativa. Puede provenir de cualquier persona que admire tu vida en secreto pero que no sepa cómo celebrarte.

En el otoño de 2005, firmé un nuevo contrato en Nueva York para hacer radio en cadena nacional en sólo cuatro mercados. Toda la gente a mi alrededor, la cual pensé que debió apoyarme, hablaba a mis espaldas y decía que yo estaba cometiendo un gran error. No tienes idea de cuántas personas se burlaron de mí. Pero yo estaba decidido a construir un imperio radial que alimentara el siguiente nivel de mi carrera. Trabajé duro, me mantuve enfocado y, antes de darme cuenta, *The Steve Harvey Show* se había expandido a 72 mercados.

EL ENEMIGO SITUACIONAL

Los "enemigos situacionales" son hipócritas que te usarán para su propio beneficio. Son como pirañas en el agua que esperan atraparte en cualquier momento. Competirán contigo para aprovechar una nueva oportunidad. Mentirán y difundirán información falsa sobre tu carácter y desempeño. Estos enemigos son listos, pero la mejor manera de eliminarlos es no revelar tus proyectos y ambiciones. Si ellos no tienen información, no tendrán ningún poder sobre ti.

EL ENEMIGO QUE SE ODIA A SÍ MISMO

El "enemigo que se odia a sí mismo" suele ser el más difícil de derrotar pues es el que te mira desde el espejo todos los días. Hay momentos en que la negatividad que proviene del mundo no se compara con la energía negativa que depositamos en nuestra propia vida. La baja autoestima, la duda, la vergüenza y el pesimismo han matado más sueños y obstruido más caminos al éxito que cualquier enemigo exterior.

Cuando *tú* eres tu peor enemigo, tienes que traer tu propia luz. Cuando quedas aprisionado por tus propios miedos, tienes que hallar las llaves para liberarte. Para ir más allá de tus temores, tienes que recordar tu propio mérito y valor. Debes levantarte cada mañana y reafirmar el talento que Dios ha puesto en tu interior. No puedes permitir que tus temores, dudas e inseguridades te impidan tomar el control de tu destino.

Tú puedes encauzar la negatividad de cualquiera de estos enemigos aunque nunca los hayas combatido. Conviértete en la energía positiva que sea una luz no sólo para ti, sino para quienes te rodean. Tu don y tu visión dependen de eso.

16

El equilibrio mágico de la vida

Obtener las riquezas de la vida es mucho más que ganar un salario. Ser realmente rico implica que inviertas tiempo de calidad en tu matrimonio o relación duradera, dedicar tu tiempo y energía a tus hijos, convertir tu hogar en un santuario y estar en óptimas condiciones de salud.

Para mí, las luces de mi mundo son mi esposa, Marjorie, nuestros siete hijos y trabajar en algo que me encanta. Pero incluso más allá de esas bendiciones, el éxito implica estar en el momento cada vez que estoy con mi familia y tener el estado de ánimo correcto para seguir haciendo el trabajo que amo.

Conseguir el equilibrio entre tu familia, carrera, vida doméstica y tú mismo, sólo ocurre cuando creas un lugar para asegurar que cada área de tu vida reciba atención de calidad. Aquí te explicaré cómo puedes empezar a gozar y saborear los tesoros que vienen con tu don.

CUANDO SE PIERDE EL EQUILIBRIO

Hubo una época en mi carrera en la que realmente me sentía exitoso. Tenía una profesión, dinero, autos y ropa. Por fin había alcanzado un nivel elevado como comediante, con el cual podía ir a donde quería y comprar lo que quisiera. Pero, si era realmente honesto conmigo mismo, sabía que no era muy feliz. Trabajaba duro y estaba orgulloso de mi éxito pero no era una persona muy agradable que digamos. Cuando las diversas áreas de tu vida no están en equilibrio, podrás ser bueno para ocultarle la verdad al público, a tus amigos, incluso a tu familia, pero a fin de cuentas, tú sabes cuando tu mundo no está bien. Yo era un profesional con éxito y, sin embargo, me estaba perdiendo de las verdaderas riquezas de la vida. Tenía un acto divertidísimo pero una vida personal aburrida. Sabía que debía crear un sistema de vida que le diera equilibrio a mi manera de ver todos los aspectos de mi mundo y me preparara para recibir *todas* las riquezas de la vida y no sólo la riqueza material.

¿Sientes que tu mundo está en desequilibrio? Si es así, no estás solo. Las exigencias de la sociedad actual casi te fuerzan a trabajar cientos de horas a la semana para convertirte en socio o 120 horas para tener un éxito moderado como empresario. Y, si tienes hijos, tu horario se vuelve aún más frenético con todas las tareas, programas extraescolares y actividades de fin de semana. Además, tienes que encontrar tiempo para hacer ejercicio, comer bien, conectarte con tu iglesia y dedicar un momento significativo sólo para ti.

No creo que el verdadero equilibrio de la vida consista en igualar los tiempos. Habrá momentos en los que tienes que dedicar más horas a trabajar porque la educación de tu hijo depende de ese ingreso adicional, o en los que debes pasar más tiempo en casa porque tu pareja necesita apoyo. Se vuelve imperativo buscar maneras flexibles de estar en contacto con tu familia cuando tu horario se vuelve más exigente, o negociar con tu patrón opciones de trabajo alternativas, como trabajar desde casa o trabajar fuera de las horas pico para estar con tu familia y aun así pagar las cuentas. Y también, todos tenemos que encontrar maneras de tener nuestro bienestar físico entre nuestras prioridades principales, pues sin salud, sencillamente no funcionamos. Entonces, ¿estás listo para crear un "equilibrio del éxito" que funcione en tu vida?

La fórmula del éxito

Hay una fórmula sencilla que he adoptado en mi vida y quiero que tú encuentres la forma para adoptarla en la tuya.
Aquí la tienes:

HOGAR + SALUD + FINANZAS = ÉXITO

Lo hermoso de esta fórmula es que, si cada semana pones empeño en cada uno de los elementos, siempre mantendrás un equilibrio efectivo. Aquí va un truco: bajo ninguna circunstancia, las prioridades para tu hogar, salud o finanzas deben recibir menos del cinco por ciento de tu atención cada semana. Ahora, adentrémonos en cada área y exploremos opciones para que inviertas tu tiempo en maneras para maximizar tu don y para colocarte en la posición correcta de modo que recibas todas las riquezas de la vida.

CÓMO PROTEGER TU HOGAR

La palabra "hogar" tiene un significado distinto para cada persona. Tu "hogar" puede ser la familia inmediata que vive bajo tu techo o el círculo de amigos cercanos que son como hermanos y hermanas para ti. Pero goce quien goce los beneficios de tu éxito, tienes que asegurarte de invertir el tiempo y la energía adecuados en las personas que más te importan. ¿Por qué? La respuesta es obvia: por las maneras en las que ellas enriquecen tu vida.

Todos tenemos nuestros "grandes éxitos" de las excusas para no pasar tiempo suficiente en casa. He aquí algunos de ellos:

"Amor, sabes que estoy trabajando horas extra para ganar más dinero para *ti*."

"Lo siento, hijo. Tu papá está demasiado cansado y no vendrá hoy a tu partido de futbol."

"Sé que te prometí que saldríamos hoy para compensar lo de las dos semanas anteriores, pero este proyecto *me está matando*."

Como dijo Billy Dee Williams en la clásica película *Mahogany*, de 1975: "El éxito no es *nada* si no lo compartes con alguien que amas." Nuestro éxito no puede existir cuando no tenemos el tiempo, espacio y energía para compartirlo con nuestros seres queridos. Trata a tu hogar y a tu familia como una prioridad SAGRADA y asegúrate de que todos entiendan lo que eso significa. Asegúrate de que cada visitante que tengas conozca las reglas de tu casa y respete el lugar al que llamas hogar. No permitas que nadie entre sin más a tu casa y viole la paz y serenidad que has creado para ti y tu familia.

Tu hogar también implica crear un espacio que se convierta en tu santuario. Cuando me entregaron mi primer cheque jugoso, un amigo vino a mi casa y me recomendó que contratara a un experto en feng shui. Yo soy un tipo común de Cleveland y por supuesto que no sabía lo que es el feng shui ni me interesaba aplicar algo con ese nombre en mi casa.

Pero cuando aprendí que el feng shui es una técnica para alinear tu entorno con las prioridades de tu vida, me abrí a aceptarlo. Invité a algunos expertos a mi casa para que nos mostraran a mí y a mi esposa los nuevos patrones de color que deberían alentar la paz y la prosperidad. Ellos nos mostraron maneras específicas de colocar los muebles para atraer la energía positiva y la riqueza. Yo no sé si de verdad funcionó esa técnica (también le pedí a mi pastor que viniera a bendecir mi casa, sólo por si acaso), pero tener en orden cada aspecto de nuestro espacio fue un paso enorme para convertir nuestra casa en un verdadero hogar.

Aquí tienes algunas sugerencias específicas para crear un tiempo familiar de calidad:

1. Fórjate un tiempo para dedicarlo a tu familia.

2. Programa un tiempo para dedicarlo a tu pareja.

3. Crea un tiempo de entretenimiento para tus hijos.

4. Oren, reflexionen y permanezcan juntos.

5. Esfuérzate por cumplir con la lista de deseos de pareja.

6. Considera la posibilidad de contratar ayuda.

CÓMO HONRAR TU SALUD

Yo me comprometí a hacer ejercicio todos los días a las 3:45 a.m., no importa si estoy en mi casa o de gira. ¿Por qué? Porque mi visión así lo exige. Mi horario de todos los días incluye conducir *The Steve Harvey Morning Show* de 6 a.m. a 10 a.m., producir y protagonizar *The Steve Harvey Show* de 11:30 a.m. a 7:30 p.m., y después de eso, regreso a casa para cumplir con mis deberes de esposo y padre. Aunque tuviera diez años menos, no habría modo en que pudiera cumplir con una agenda tan ocupada sin la *energía* y la *resistencia* que obtengo gracias al ejercicio.

Aquí está el típico horario de Steve Harvey:

3:15 a.m. Levantarme / orar

3:45 a.m. Hacer ejercicio

4:45 a.m. Presentarme en el estudio de radio de Steve Harvey

5:00 a.m. Empieza el programa de radio

9:00 a.m. Termina el programa de radio

10:00 a.m. Conferencias telefónicas y asuntos pendientes

10:30 a.m. Juntas diarias con la producción del programa de entrevistas

11:00 a.m. Arreglo del vestuario y maquillaje

11:30 a.m. Grabar programa 1

2:30 p.m. Almuerzo/conversación con la señora Harvey; asuntos pendientes y conferencias telefónicas

4:45 p.m. Grabar programa 2

6:45 p.m. Fin de grabaciones

7:00 p.m. Junta de producción posterior al programa

7:15 p.m. Me voy a casa

8:00 p.m. Retomo en casa mis deberes de esposo y padre

A fin de cuentas, tu salud es tu riqueza. Tenemos que dedicar tiempo a alinear nuestro bienestar físico, mental y espiritual. Tenemos un solo cuerpo para hacer nuestro trabajo aquí en la Tierra, así que debemos hacer un esfuerzo serio por descansar, comer bien y mantenernos en forma. Descubre qué te funciona a ti y date a la tarea de dar a tu cuerpo la energía que necesitará para ejercitar tu don y cumplir con tu propósito. Si tu salud no es óptima, aquí tienes algunos consejos para que sigas avanzando en la dirección correcta:

- Asegúrate de programar (y cumplir con) tus chequeos anuales.

- Dedica el tiempo necesario a algún tipo de actividad física todos los días, aun cuando tengas que empezar con sólo veinte minutos.

- Elige una alimentación saludable que te proporcione la mayor cantidad de energía y fuerza para tu estilo de vida.

- Elimina de tu dieta el exceso de bebidas alcohólicas.

- Bebe bastante agua.

Yo no soy médico, pero sé que tu salud es una parte de tu riqueza tan importante como los dígitos de tu cuenta bancaria.

Dale a tu cuerpo lo que necesita para que puedas tener la vida que quieres.

Cómo entregarte a tu espíritu

Mi objetivo aquí no es prescribir un sistema de creencias ni hacerte sentir culpable por faltar constantemente a tus ceremonias religiosas. Sólo deseo alentarte a encontrar una manera de entregarte a tu espíritu a diario, ya sea por medio de la oración o la meditación en una iglesia, o con un pequeño grupo de personas afines. Acércate a cualquier cosa que te ayude a recordar que hay un plano más elevado y un propósito mayor para tu vida; conéctate con ese vehículo para tu espíritu y conserva esa comunicación de manera continua.

Supervisa tu salud mental

El estrés y las presiones de nuestra vida dinámica tienen la capacidad de dañar seriamente nuestra salud y bienestar si no les prestamos atención. Si sientes que te acercas a una situación emocional peligrosa, con sólo hablar con un amigo o un líder espiritual de confianza tal vez puedas encontrar la respuesta, no vaciles –y lo repito– NO VACILES, en consultar a un profesional de la salud mental. No importa tu raza, género o condición social, no podemos darnos el lujo de no tomar en serio nuestra salud mental si queremos compartir nuestro éxito, paz y felicidad con nuestros seres queridos.

Cómo poner en orden tus finanzas

No importa si eres un recién titulado que está iniciando su vida profesional o ya poseas varios negocios a tu nombre, siempre podemos ser más diligentes y proactivos respecto a nuestras finanzas. Las medidas que tomemos pueden ser tan pequeñas como comer menos en la calle o tan grandes como refinanciar tu casa. La gente exitosa sabe cómo usar su dinero sabiamente hoy para prepararse poderosamente para el futuro.

Hace pocos años, después de que Marjorie y yo nos casamos, recibí el impacto de un cobro de veinte millones de dólares por impuestos. Descubrí la pesadilla de que mi contador no había declarado mis impuestos en casi seis años. Y, aquí estaba yo con la mujer de mis sueños, al fondo de un abismo financiero tan profundo que íbamos a tardar un mínimo de doce años en salir.

Le conté todo a Marjorie y empecé a trabajar duro. Programé todas las entrevistas, firmas de libros y presentaciones personales que pude. Prácticamente vivía en el aeropuerto, pero quería mostrarle a mi esposa que estaba haciendo esfuerzos muy serios por poner nuestras finanzas en orden. Tras firmar un contrato estratégico para vender la cadena radial Steve Harvey Radio Network, pude pagar la cuenta en la mitad del tiempo. Esa experiencia me enseñó que no quiero que esa nube financiera vuelva a oscurecer mi vida, jamás.

La salud financiera implica observar con cuidado todo tu panorama financiero. Aquí tienes algunas áreas para considerar:

- ¿Conoces la diferencia entre deuda buena (por ejemplo, comprar una casa o condominio, o invertir en la educación de tus hijos) y deuda mala (por ejemplo, tener saldos elevados en tarjetas de crédito con altas tasas de interés)?

- ¿Qué puedes hacer para reducir tus deudas malas e incrementar los pagos para tus deudas buenas?

- ¿Estás dispuesto a analizar tus hábitos de consumo para reducirlos?

- ¿Estás ahorrando lo suficiente para el momento de tu jubilación o para pagar los estudios universitarios de tus hijos?

- ¿Qué puedes hacer para mejorar tu historial crediticio?

- ¿Puedes saldar tu tarjeta de crédito con mayor tasa de interés?

- ¿Puedes obtener una tasa de interés menor en alguna de tus tarjetas?

Todos estos factores determinan qué tan sana está nuestra economía. Aquí hay cinco pasos que toda persona orientada al éxito debe dar para tener cimientos financieros sólidos.

1. CREA UN PRESUPUESTO MENSUAL. Elaborar un presupuesto (y apegarte a él) es esencial para crear responsabilidad financiera en ti y en tu familia.

2. ABRE UNA CUENTA DE CHEQUES Y OTRA DE AHO-RROS. Las personas de éxito saben cómo manejar sus negocios con honestidad. Busca un banco que te dé confianza y empieza a crear tu futuro financiero.

3. AHORRA, AHORRA Y AHORRA. Ya sean diez dólares a la semana o el diez por ciento de tu sueldo o la cantidad con la que te sientas a gusto, invierte en tu vida y tu futuro ahorrando HOY.

4. DECLARA TUS IMPUESTOS. Esto es sencillo: paga tus impuestos cada año y a tiempo. Al fisco no le importa tu condición social (tan sólo pregúntale a cualquier celebridad que haya pensado que podía evadir sus impuestos).

5. INVIERTE EN LA EDUCACIÓN FINANCIERA DE TUS HIJOS. Habla con ellos AHORA sobre la importancia de hacer presupuestos, ahorrar e invertir.

Cuando hayas resuelto estas cuestiones básicas, puedes tomar en cuenta lo siguiente:

- **CONTRATAR A UN PROFESIONAL DE LAS FINANZAS.** Cuando llegue el momento en que necesites ayuda adicional para declarar tus impuestos o diversificar tu portafolio de inversiones, puedes contratar a un asistente contable, un contador o un asesor financiero. Si decides contratar a un profesional, asegúrate de que mantengan una relación abierta en la que puedan revisar tus finanzas en cualquier momento. Al fin y al cabo, es *tu* dinero.

- **CREAR MÚLTIPLES OPORTUNIDADES DE INVERSIÓN.** Busca maneras de repartir tus huevos en diversas canastas.

Recuerda: tu economía, tu salud y tu hogar, serán sólo tan exitosos como se los permita tu inversión de tiempo, energía y excelencia.

17

Dios te bendice para
que tú bendigas

Mi madre era maestra de escuela dominical. Ya perdí la cuenta del número de lecciones que me enseñó hasta que cumplí veinte años. A mis 57 años, si tratara de escribirlas todas, se convertirían en otro libro. Una de las cosas que ella siempre me decía era: "Dios te bendice para que tú bendigas." Yo podía entender eso en el plano espiritual, pero saquémoslo un poco de ese ámbito. Quiero mostrarte por qué ser una bendición para alguien más es uno de los principios más importantes del éxito.

Una de las cosas que descubrí hace tiempo es que, entre más gente ayudas a alcanzar el éxito, más exitoso te vuelves. Cuando compartes tus bendiciones con otra persona, cumples con tu propósito en este mundo como ser humano. Todos estamos aquí para ayudarnos unos a otros. Cuando obtienes cierto grado de éxito, a cualquier nivel, es tu obligación enseñarlo o compartirlo con alguien más. Lo que he visto en personas con mucho éxito es que, entre más dan, más los pone Dios en la posibilidad de seguir dando. Hay demasiadas personas que desconocen este principio. No basta con tener una gran casa en una colina si no le enseñas a alguien cómo conseguir una gran casa en una colina. Vivirás ahí solo y eso no es agradable.

Desde que éramos niños, tuvimos que aprender esta lección: no puedes jugar rayuela tú solo. No puedes saltar la cuerda tú solo. No puedes jugar a las escondidas tú solo. Todos los juegos que practicábamos cuando niños eran más divertidos cuando los compartíamos con alguien. No olvides el concepto que aprendiste en tu niñez ahora que ya eres adulto y quieres ocuparte del aspecto económico de tu vida. No olvides ese principio tan sencillo de compartir. No dejes de jugar con otras personas ahora.

A mí me encanta el golf, pero no tiene caso aprender a jugar golf y luego salir a jugarlo solo todos los días. El golf es un juego genial con el que puedes disfrutar de la camaradería, participar en torneos, pasar tiempo con tu familia y amigos, y gozar de algunos de los campos mejor arreglados que podrás ver en tu vida. Eso es lo que a mí me asombra del golf. Es mejor recorrer el campo con alguien más en mi carrito. Puedo pedirle a uno de mis amigos que me tome una foto. Es importante que compartas tu éxito y tu gozo con alguien en tu vida. ¿Qué caso tiene ver un hermoso escenario si no hay nadie que lo vea contigo? Todos los momentos excepcionales en la vida son mejores cuando se comparten.

Cuando yo recibo un premio y mi esposa está sentada entre el público, es mucho mejor porque ella está ahí para presenciarlo. Cuando me dieron mi estrella en el Paseo de la Fama de Hollywood, la mejor parte fue que mis hijos presenciaran ese momento conmigo, pues ahí estuvieron. Otra bendición fue compartirlo con mis amigos y colegas que estuvieron ahí celebrando el momento conmigo. El Dr. Phil dijo algunas palabras de felicitación, Ellen dio un discurso lleno de palabras lindas y Cedric, con todo el elenco de *The Steve Harvey Show* estuvieron ahí. Yo logré compartir este gran momento de mi vida con las personas que más me importan.

Cuando entiendes que Dios te bendice para que tú bendigas, tu vida puede abrirse y transformarse. Entre más cosas nos confía nuestro creador, más puede Él confiar en nosotros.

Cuando yo le doy algo a alguien menos afortunado, y si ese algo puede cambiar su vida, en realidad el hecho de dar hace más por mí. Cuando envié a la escuela a un niño que de otro modo no habría ido, Dios me colocó en la posición de recibir más recursos para mandar a diez niños más a la escuela. Algunas personas me preguntarán: "Steve, ¿por qué usas tu dinero para enviar a niños a la escuela?" Yo les preguntaría esto: "¿Por qué sigo recibiendo dinero para enviar a todos esos niños a la escuela?" Cuando entiendes que Dios te bendice para que tú también bendigas, te darás cuenta de que retribuir es parte importante del éxito.

No sé si tú lo hayas notado, pero cuando las personas ricas se juntan, unos apoyan las causas de los otros con cheques (y de los grandes). Quizá los que son menos afortunados no sean capaces de hacer eso. A veces ellos no apoyan las causas de los demás a ningún nivel, aun cuando podrían hacerlo de forma que no involucraran dinero. La gente rica lo hace porque lo consigue. Ellos ven el acto de compartir como una obligación fundamental.

¿Con qué crees que tiene que ver el baile Met Gala? Todo lo que muestran los medios es la moda, pero en realidad, el Met Gala es un evento que permite a la gente donar dinero a una causa valiosa, en este caso, el Museo Metropolitano de Arte de Nueva York. Eso hace que la gente se sienta bien por retribuir. En el mundo de las grandes empresas, a este principio le llaman "retorno sobre la inversión". Las personas de éxito entienden que, al final, el acto de retribuir mejora su balance. Los triunfadores están comprometidos a dar. Cuando entiendes el enorme poder de dar, de compartir, tendrás más para dar.

No tienes que ser rico para entender este principio. Puedes empezar a un nivel menor. Puedes dar tu tiempo a un centro de acopio local. Puedes dedicar tiempo en llevarle el mandado a tu anciano padre. Puedes trabajar como voluntario en una feria universitaria.

"A QUIEN MUCHO SE LE DA, MUCHO SE LE PEDIRÁ"

Mi madre también me enseñó: "A quien mucho se le da, mucho se le pedirá." Las peticiones son grandes para quien ha recibido mucho. A medida que asciendas, tendrás que convertirte en más de todo. Tienes que asistir a más juntas, volverte más elocuente y administrar mejor tu tiempo. A mí no me gusta leer el apuntador, pero ahora que estoy en la televisión, tuve que acostumbrarme a usarlo. Grabo demasiados programas, demasiadas rutinas y hablo con demasiada gente como para recordar todo. Por eso tuve que aprender a utilizar el apuntador. A quien mucho se le da, mucho se le pedirá. Tuve que volverme más eficiente y competente.

Si no quieres que se te pida, se te dejará de dar. Seré lo más franco que pueda: a mí no me molesta dedicar tiempo a escribir este libro y recopilar toda esta información porque me di cuenta de la gran bendición que significa para mí ser capaz de hacerlo. He recibido muchos golpes en mi proceso para aprender esta información. Y, aunque mucha de esta información la he aprendido por las malas, eso no me impide robarle un poco de tiempo a mi ocupada agenda —como conductor de radio, televisión y de programas de concursos, así como esposo, padre y empresario, todo de tiempo completo, y con la agenda de viajes llena— para detenerme a escribir un libro que espero que beneficie a otros. En este momento de mi vida, tengo la obligación de ayudar en su educación a la gente y de darle las herramientas que les permita tener más éxito. Ahora es una obligación.

No hay razón para que te enfurezcas con el pastor que hace circular una bandeja para recolectar dinero mientras tú estás ahí, beneficiándote con la palabra y su mensaje. No tienes por qué enojarte con el banco por hacer dinero con tu dinero, pues el banco te lo está guardando. No podemos enojarnos con el director ejecutivo de United Way por el enorme sueldo que tiene. Él ayuda a cientos de millones de personas. No puedes molestarte por el proceso. En lugar de eso, aprende del ejemplo. Conviértete en una de esas personas que están dispuestas a compartir, educar, regalar, ayudar, inspirar e impulsar. Después, observa lo que venga en tu camino. La gente piensa que entre más dinero ganes y entre más te aferres a él, más tendrás. A corto plazo, eso es verdad. Pero, al final, el llamado te llegará pues, a quien mucho se le da, mucho se le pedirá. Si tú ganas el dinero y tratas de quedarte con todo, Dios ya no podrá confiar en ti para pedirte, así que dejará de darte. Tan sólo pregúntale a cualquier persona que lo haya tenido y luego lo haya perdido. Si es honesta contigo, confirmará este principio.

El éxito no involucra sólo tu capacidad para lograr, sino también tu capacidad para servir mediante el compartir. El verdadero éxito vive en nuestros legados. Si eres capaz de servir como modelo para la siguiente generación, los jóvenes que alcancen niveles superiores serán tan parte de tu legado como tus propios logros.

Otra clave para el verdadero éxito es el agradecimiento y la gratitud. Estas emociones se demuestran compartiendo con los demás. Tu éxito no debe ser sólo para ti; también debe ser una bendición para los demás. Aquí hablo de llegar al verdadero núcleo de lo que alimenta a tu don, lo que lo impulsa cuando todo el dinero que tienes es el que llevas en la billetera, y lo que se necesita para mantener la confianza, avanzar inalterable rumbo a tu visión contra todo pronóstico.

Para este momento, ya sabes que tu don es eso que puedes hacer mejor que casi cualquier otra persona. Dios no te abrirá la puerta de la oportunidad para que uses tu don si tú no haces lo que te corresponde: usarlo y compartirlo siempre que puedas. Mateo 25:23, dice: "¡Bien, siervo bueno y fiel!; en lo poco has sido fiel, al frente de lo mucho te pondré." Cuando domines "lo poco", tendrás "lo mucho". Cuando realmente amas tu oficio, no te molesta hacerlo gratis o dedicar tiempo a preparar a alguien que sigue tus mismos pasos.

Ya has reconocido tu don. A medida que empieces a adentrarte en tu don, el ÉXITO empezará a seguirte adonde vayas. Retribúyelo ayudando a alguien más.

Agradecimientos

Si yo les agradeciera a todas las personas que me han ayudado a llegar a este lugar, desde donde puedo escribir un libro sobre el éxito, no me alcanzaría el papel. Tan sólo resumiré diciendo que quiero agradecerles a todas las personas que han tenido que ver, en cualquier medida, en el éxito que he alcanzado. Ustedes saben quiénes son y yo quiero agradecérselos a todos.

Me gustaría darles las gracias a quienes han desempeñado algún papel en mi vida. Han significado mucho para mí. Quiero agradecerles a todos mis maestros, incluso a quienes me han enseñado aún sin conocerme. Quiero agradecerles a las personas que han creado dichos memorables y sabios. Gracias a todos por eso, pues, sin ustedes, no sé si estaría donde estoy.

Mi agradecimiento a Dios Todopoderoso, el Creador. Yo tengo la creencia de que Dios los envió a todos ustedes a mi camino. Para bien o para mal, a todos los puso en el camino para crear a la persona en quien me he convertido. Aunque yo soy un producto inconcluso, le agradezco a Dios por quien soy y donde estoy. Le agradezco por todos ustedes. Ante todo, le doy gracias a Él por Su gracia y Su misericordia. Le agradezco por Su perdón. Le agradezco porque Él no es un *destructor* de sueños, sino un *realizador* de sueños. Le agradezco por toda Su guía, Sus palabras, Sus escrituras. Le agradezco por mi vida. Él es la razón de todo lo que soy ahora; Él es el eje de todo.

Les agradezco a mis hijos, Brandi, Karli, Morgan, Broderick, Jason, Lori y Wynton, por darme la inspiración constante para ser el mejor hombre que puedo ser por ellos. Quiero, desesperadamente, ser un hombre al que imiten y admiren mucho después de que me haya ido.

Atentamente
Un soldado imperfecto de Cristo,
Steve Harvey

Acerca del autor

STEVE HARVEY, el autor de los best sellers *Actúa como dama pero piensa como hombre* y *Al grano y sin rodeos*, se inició como comediante en vivo a mediados de los años 80. En 1997, Harvey salió de gira como uno de los "Reyes de la comedia" originales, acompañado de Cedric "The Entretainer" y Bernie Mac. Tiempo después, aquel acto de comedia se convertiría en el tema de la película *The Original Kings of Comedy*, de Spike Lee. Actualmente conduce un programa de entrevistas en la radio en cadena nacional, así como el programa de concursos *Family Feud*, además de su programa radial diurno *Steve Harvey Morning Show*. También es fundador de la Steve and Marjorie Harvey Foundation.

Actúa como triunfador, piensa como triunfador,
de Steve Harvey.
se terminó de imprimir en marzo de 2015
en los talleres de Litográfica Ingramex, S.A. de C.V.
Centeno 162-1, Col. Granjas Esmeralda,
C.P. 09810 México, D.F.